UM BANDEIRANTE NAS TELAS

O DISCURSO ADHEMARISTA EM CINEJORNAIS

CONSELHO EDITORIAL

Ana Paula Torres Megiani

Eunice Ostrensky

Haroldo Ceravolo Sereza

Joana Monteleone

Maria Luiza Ferreira de Oliveira

Ruy Braga

UM BANDEIRANTE NAS TELAS

O DISCURSO ADHEMARISTA EM CINEJORNAIS

Rodrigo Archangelo

Copyright © 2015 Rodrigo Archangelo

Grafia atualizada segundo o Acordo Ortográfico da Língua Portuguesa de 1990, que entrou em vigor no Brasil em 2009.

Edição: Haroldo Ceravolo Sereza
Editor assistente: Gabriel Patez Silva
Assistente acadêmica: Bruna Marques
Projeto gráfico e diagramação: Camila Hama
Revisão: Andressa Neves
Assistente de produção: Gabriel Siqueira
Capa: Gabriel Patez Silva

Imagem da capa: Acervo Cinemateca Brasileira.

ESTE LIVRO FOI PUBLICADO COM O APOIO DA FAPESP, DA CINEMATECA BRASILEIRA E DO LEER-USP.

CIP-BRASIL. CATALOGAÇÃO NA PUBLICAÇÃO
SINDICATO NACIONAL DOS EDITORES DE LIVROS, RJ
A711B

Archangelo, Rodrigo
UM BANDEIRANTE NAS TELAS : O DISCURSO ADHEMARIS-
TA EM CINEJORNAIS
Rodrigo Archangelo. - 1. ed.
São Paulo : Alameda, 2015.
190 P. : IL. ; 23 CM.

Inclui bibliografia
ISBN 978-85-7939-321-1

1. BARROS, ADHEMAR DE, 1901-1969. 2. SÃO PAULO
- HISTÓRIA. 3. SÃO PAULO - POLÍTICA E GOVERNO. 4.
CINEMA E HISTÓRIA - BRASIL I. TÍTULO.

15-25693   CDD: 981.61
                            CDU: 94(815.6)

ALAMEDA CASA EDITORIAL
Rua Conselheiro Ramalho, 694 – Bela Vista
CEP 01325-000 – São Paulo – SP
Tel. (11) 3012-2400
www.alamedaeditorial.com.br

Para Pasqual e Marilúcia Archangelo; Osvaldo Archangelo
e Mário Archangelo (exemplos, sempre) e para Maria
Eduarda e Ana Clara (que inauguraram, com muita alegria,
uma nova edição da família)

SUMÁRIO

PREFÁCIO	11
INTRODUÇÃO	17
A POLÍTICA EM CINEJORNAIS	29
As imagens e uma história cultural e política	29
A imagem em cinejornais e a busca em outros suportes	36
Antes do filme... Política	50
EM CENA, A POLÍTICA QUE ENCENA	55
Cinejornal e cinematografia nacional	55
O cinejornal: entre críticas e tensões no campo cinematográfico	66
Adhemarismo: uma força em marcha	76
O ADHEMARISMO EM "QUADROS"	91
Construindo realidades, fortalecendo o mito	93
Um interlocutor para vários desejos: o "Bandeirante" na tela	160
CONSIDERAÇÕES FINAIS	171
REFERÊNCIAS BIBLIOGRÁFICAS	173
AGRADECIMENTOS	187

SIGLAS E ABREVIATURAS

APESP – Arquivo Público do Estado de São Paulo

AIB – Ação Integralista Brasileira

AN – Agência Nacional

BT – Bandeirante da Tela

CB – Cinemateca Brasileira

CCB – Censo Cinematográfico Brasileiro

CJB – Cine Jornal Brasileiro

CJI – Cine Jornal Informativo

DCB – Divulgação Cinematográfica Bandeirante

DEIP – Departamento Estadual de Imprensa e Propaganda

DEOPS – Departamento Estadual de Ordem Política e Social de SP

DIP – Departamento de Imprensa e Propaganda

FAB/AEPSP – Fundo Adhemar de Barros/Arquivo Público do Estado de SP

INC – Instituto Nacional de Cinema

INCE – Instituto Nacional de Cinema Educativo

PCB – Partido Comunista Brasileiro, fundado em 1922

PSD – Partido Social Democrático, fundado em 1945

PRP – Partido Republicano Paulista, fundado em 1873

PSP – Partido Social Progressista, fundado em 1946

PTB – Partido Trabalhista Brasileiro, fundado em 1945

SDC – Serviço de Divulgação Cinematográfica

UDN – União Democrática Nacional, fundada em 1945

PREFÁCIO

OS CINEJORNAIS COMO FONTE HISTÓRICA: TRAJETÓRIAS E DESAFIOS

Eduardo Morettin[1]

O livro de Rodrigo Archangelo, *Um bandeirante nas telas: o discurso adhemarista em cinejornais*, corresponde parcialmente à dissertação de mestrado defendida junto ao programa de pós-graduação de História Social da Faculdade de Filosofia, Letras e Ciências Humanas da Universidade de São Paulo. A pesquisa, como o leitor terá oportunidade de atestar, honra a tradição uspiana, aliando erudição, extensa análise de fontes e materiais bibliográficos, rigor analítico e originalidade.

Comecemos pelo último aspecto acima apontado: a contribuição original trazida pelo autor. Até 2007, ano em que defendeu Archangelo o mestrado, eram poucos os pesquisadores a enfrentar de maneira sistemática um conjunto documental tão expressivo para o acompanhamento das questões socioculturais de uma época. José Inácio de Melo Souza foi um dos primeiros, trabalhando junto com Maria Rita Galvão na Cinemateca Brasileira no inventário do fundo Cine Jornal Brasileiro (1938 – 1946), do Departamento de Imprensa e Propaganda, órgão criado pelo Estado Novo para controlar por meio da censura e da produção de conteúdo os meios de comunicação de massa. Desse trabalho

---

[1]   Professor de História do Audiovisual da Escola de Comunicações e Artes da USP. Entre seus trabalhos estão *Humberto Mauro, Cinema, História* (SP, Alameda Editorial, 2012) e a coorganização de *História e Cinema: dimensões históricas do audiovisual* (2ª ed., SP, Alameda Editorial, 2011), *História e Documentário* (RJ, FGV, 2012) e *Visualidades Hoje* (BA, Edufba, 2013).

surgiu primeiro um catálogo[2] e, depois, a dissertação de mestrado de Melo Souza, defendida em 1990 com o título *A ação e o imaginário de uma ditadura: controle, coerção e propaganda política nos meios de comunicação durante o Estado Novo.*[3]

Alguns aspectos devem ser trazidos à nossa apresentação de *Um bandeirante na tela*, pois se vinculam diretamente ao que hoje é o livro. Em primeiro lugar, uma constatação: a pesquisa nesse campo somente pode se consolidar a partir da organização e sistematização dos acervos. Como dizia Paulo Emilio há mais de cinquenta anos atrás, "não há cultura sem perspectiva histórica, e como conhecer a história do cinema se os filmes não foram conservados?".[4]

No que diz respeito aos filmes, a referida organização implica no preparo, na digitalização, quando viável, no visionamento e na indexação em bases de dados, atividades que pressupõem a existência de um corpo de funcionários capacitados dentro de uma instituição como a Cinemateca Brasileira. Não à toa, a disponibilidade de das edições organizadas e sistematizadas do Cine Jornal Brasileiro propiciou no início dos anos 2000 uma série de trabalhos acadêmicos, no campo da História, sobre esse material.[5]

Um bandeirante nas telas é fruto desta aliança entre cultura, perspectiva histórica e arquivos de que falava Paulo Emilio. Archangelo é um dos raros exemplos de historiador que domina os problemas técnicos relativos à documentação audiovisual, domínio que o auxilia na reflexão histórica e cultural sobre suas fontes, como vemos nas considerações que faz sobre o seu *corpus* documental (p. 12 e seguintes e também p. 39). A sua trajetória, até o presente, é marcada pelo vínculo com a Cinemateca Brasileira e pelo enfrentamento, portanto, de todas as vicissitudes que marcam as iniciativas ligadas à preservação de nossa memória audiovisual, que encontram nestes cinejornais um dos elos mais fracos, como teremos oportunidade de comentar à frente.

---

2   Fundação Cinemateca Brasileira, *Cine Jornal Brasileiro, Departamento de Imprensa e Propaganda, 1938 – 1946*, São Paulo, Imprensa Oficial do Estado de São Paulo, 1982.

3   Orientado por Maria Rita Galvão, foi publicado em 2003 com o título *O Estado contra os Meios de Comunicação (1889 – 1945)* (São Paulo, Annablume/FAPESP, 2003). Em Trabalhando com cinejornais: relato de uma experiência, In: Maria Helena Capelato e outros, In: *História e cinema: dimensões históricas do audiovisual*, São Paulo, Alameda, 2007, p. 117-134, Melo Souza recuperou questões de método para o historiador interessado em enfrentar esse universo.

4   O congresso de Dubrovnik (13 de outubro de 1956), In: *Crítica de Cinema no Suplemento Literário*. Volume I. Rio de Janeiro, Paz e Terra, 1981, p. 11.

5   Podemos citar, dentre outros, as dissertações de mestrado de Marcelo Pereira, *Cinema e Estado Novo: trabalho e nacionalismo em marcha*, (Campinas, SP, 2002, UNICAMP), Cássio dos Santos Tomaim. *Janela da alma: cinejornal e Estado Novo – fragmentos de um discurso totalitário*, (Franca, SP, 2004, UNESP), Ana Carolina Nery dos Santos, *A estética estadonovista: um estudo acerca das principais comemorações oficiais sob o prisma do Cine-Jornal Brasileiro*, (Campinas, SP, 2004, UNICAMP) e André Chaves de Melo Silva. *Ensino de história, cinema, imprensa e poder na era Vargas - 1930/1945* (São Paulo, 2005, USP).

UM BANDEIRANTE NAS TELAS

A dissertação de mestrado de Melo Souza, acima mencionada, foi feita dentro de um quadro geral ligado a Paulo Emilio, dado que ele foi fundamental também na constituição do curso de cinema na Escola de Comunicações e Artes da Universidade de São Paulo. Ele orientou uma série de dissertações e teses de doutorado, dentre as quais as realizadas por Maria Rita Galvão que, por sua vez, pautou pesquisas sempre marcadas pelo grande fôlego documental e pelo entendimento de que era preciso preencher as lacunas existentes na história do cinema brasileiro, como foi o mestrado de Melo Souza sobre o DIP.[6]

Em outra chave se insere o livro de Archangelo, dada sua preocupação em entender historicamente os cinejornais, o que configura, nesse aspecto, o ineditismo de seu trabalho.[7] Esse entendimento o leva à análise do discurso empreendido pelos noticiários cinematográficos para melhor compreender uma "determinada cultura política, e uma contribuição à percepção crítica sobre o uso das imagens na retórica política e partidária" (p. 21). Não há, portanto, uma dissociação entre cinema e política, cinema e história: os dois campos caminham juntos e se interpenetram ao longo das páginas de *Um bandeirante nas telas*.

Nesta perspectiva, além de um estudo minucioso sobre o período em questão, a saber, os anos 1947 a 1956 e o adhemarismo em São Paulo (presente, em particular, nas páginas 70 à 83), o autor historia o cinejornal *Bandeirante na tela* (BT) realizado por uma produtora privada, mas intimamente ligado ao político Adhemar Pereira de Barros (p. 12 e seguintes). Dialogam com este quadro, diversos apontamentos sobre a cultura política e as questões ligadas ao cinema brasileiro do contexto.

As estratégias empregadas pelo autor para trazer à tona essas imagens ao debate político do qual participavam são modelares para o historiador interessado nesta seara. Em primeiro lugar, destacamos a comparação, quando foi possível, entre os cinejornais *Bandeirante da Tela* (BT) com os da série *Cine Jornal Informativo* (CJI), produzidos pela Agência Nacional. Os "enfoques distintos" são apontados em diferentes momentos, como no registro feito pelos dois cinejornais de um evento político no início dos anos 1950, em que Barros, Lucas Garcez, então governador do Estado de São Paulo, e Getúlio Vargas estiveram presentes. Como demonstra Archangelo, em BT "Adhemar de Barros é personalidade ilustre que compõe, em grau de importância, com o presidente da República e o governador do Estado. No CJI, embora sem a informação sonora, ele aparece numa rápida tomada e um tanto controverso, rindo para a câmera" (p. 112).

---

6   Sobre o assunto ver Eduardo Morettin, Acervos cinematográficos e pesquisa histórica: questões de método, *Esboços*, v. 21, n. 31, p. 50 – 67, ago. 2014.

7   De certo, esse ineditismo também se configura pelo fato do adhemarismo não ter sido abordado a partir das imagens.

Em segundo lugar, outra estratégia de análise foi a de realçar o que não era focalizado pelos cinegrafistas do BT, explorando os limites políticos deste discurso. Se as camadas populares aparecem nas imagens do cinejornal, seu tratamento não deixa de ser ambíguo. Por um lado, na disputa com os opositores, como Jânio Quadros, as críticas de BT eram direcionadas às "mazelas da administração janista" (p. 144), construindo um retrato da cidade em que os problemas sociais são mostrados, mesmo que de maneira econômica, tendo em vista que Barros não queria "passar uma imagem muito ruim da terra" a qual pertencia (p. 145). Por outro, dentro da lógica populista que predominava em sua prática política, era preciso incluir o outro. Em geral, neste teatro ensaiado, há uma dificuldade geral em mostrar na tela sua popularidade, sendo o povo sempre trabalhado como coadjuvante, cenário para a atuação e performance do líder populista.[8] Quando as camadas populares assumem algum protagonismo, o desconforto é patente. Como observa Archangelo nas análises de caso, a postura discriminatória revela que "a prometida felicidade no projeto político adhemarista não consegue esconder a desigualdade que lhe é inerente" (p. 152). Trata-se, portanto, de "um projeto de felicidade que é para poucos" (p. 153).

Um dos exemplos é o tratamento conferido aos migrantes, assunto de várias edições do BT, como a de 1953, *De todo o Brasil*. O estudo de Archangelo demonstra que "o registro [fílmico] tensiona constantemente e não consegue ocultar uma mensagem nada amigável para com aquelas pessoas: 'enquadrem-se', 'comportem-se', 'ponham-se no seu lugar', 'não causem problemas' e tampouco 'desordem'. Esta parece ser a verdadeira cordialidade na mensagem de fundo" (p. 136).

Um outro momento importante é o do exame da participação da Ala Negra Progressista, associação ligada ao movimento negro e simpática às iniciativas de Adhemar de Barros, e que "sequer é citada nos números catalogados na Cinemateca Brasileira deste mesmo período. Ainda que em nome dos 'ideais progressistas' uma porta de entrada ao jogo democrático e político estivesse aberta, conferindo certa participação aos setores socialmente desfavorecidos, não foi esta chave de relacionamento que apareceu nas telas do cinejornal" (p. 140).

Importante dizer que o autor consegue estabelecer a historicidade das imagens cinematográficas a partir de um extenso levantamento de fontes, que lhe permite avaliar as escolhas feitas pelo BT. Entramos, assim, naquilo que Sylvie Lindeperg entende ser ainda "um território (...) bastante inexplorado: ele está ligado ao momento singular do registro da imagem".[9] Esse

---

8   Glauber Rocha, em *Maranhão 66* (1966), constrói uma leitura crítica do populismo, confrontando o discurso de posse do governador recém-eleito José Sarney à situação de miséria de São Luís por meio da montagem que articula a locução em voz over e as imagens da população desassistida. Ao mesmo tempo, o povo aparece na praça pública como ornamentação dentro cenário preparado para a festa política, mas vários planos criam a sensação de vazio, de desencontro entre o líder e as massas, situação que será explorada, como se sabe, em *Terra em Transe* (1967).

9   Sylvie Lindeperg, O caminho das imagens: três histórias de filmagens na primavera-verão de 1944, *Estudos históricos*, vol. 26, n. 51, 2013, p. 10..

momento singular é sempre mobilizado por Archangelo, profundo conhecedor do período histórico em que os filmes foram produzidos. Em suas palavras, "foi necessário expandir o *corpus documental* na tentativa de conectar o seu conteúdo imagético ao trânsito das práticas culturais ao seu redor" (p. 39). Jornais, fotografias, panfletos e outros documentos compõem o *corpus* expandido, necessário ao cotejo que efetiva a dimensão histórica da imagem.[10]

Um comentário final cabe ao diálogo que o livro estabelece com as reflexões em torno do cinejornal na história do cinema brasileiro. Jean-Claude Bernardet[11] já apontava nos anos 1970 para o fato de que se havia uma constância na produção cinematográfica no país, esta residia na realização de cinejornais e de documentários de pequeno alcance cultural, os chamados "naturais", mais afeitos àquilo que Paulo Emilio denominou de "ritual do poder" e "berço esplêndido".[12] Archangelo traz à tona esse conjunto ainda pouco estudado em nossa historiografia, caracterizando as semelhanças e as diferenças com o que se produziu antes. Dentre as permanências, recupera a "aura discriminatória" (p. 140) do BT, traço comum deste tipo de produção desde os seus primeiros momentos, sempre preocupados que estavam seus cinegrafistas e as autoridades que encomendavam os registros fílmicos com uma imagem do Brasil moderno, em que frequentemente as preocupações com o progresso se traduziam em um discurso preconceituoso e racista.[13]

Trata-se, portanto, de material difícil de ser enfrentado, dadas às suas características quase imanentes: filmes de 'cavação', marcados pela precariedade e pelo empenho político conservador. Diante desta tarefa, em que o estético não é critério para a incorporação do cinejornal ao trabalho de análise, Archangelo disseca todo um projeto político de uso do cinema em uma época. *Um bandeirante nas telas: o discurso adhemarista em cinejornais* nos convida, enfim, a refletir sobre os caminhos que unem as imagens e a sociedade, reflexão ainda atual e pertinente dado o quadro de disputas simbólicas intensificadas pelo uso das mídias sociais.

---

10   Archangelo aprofundou essa vertente de exegese em seu doutorado, "Imagens da nação: política e prosperidade nos cinejornais Notícias da Semana e Atualidades Atlântida (1956 – 1961)", defendido em 2015 na USP, outra contribuição importante para o campo que, esperamos, seja publicada em breve.

11   Jean-Claude Bernardet, *Cinema brasileiro: propostas para uma história*, Rio de Janeiro, Paz e Terra, 1979.

12   *A expressão social dos filmes documentais no cinema mudo brasileiro (1898 – 1930)*, In:, Carlos A. Calil e, Maria T. Machado (orgs.), *Paulo Emílio: um intelectual na linha de frente*, São Paulo/Rio de Janeiro, Brasiliense/Embrafilme, 1986, p. 323 – 330.

13   Ler, a título de exemplo, O cinema brasileiro visto de Cinearte, de Paulo Emilio Salles Gomes em *Humberto Mauro, Cataguases, Cinearte*, São Paulo, Perspectiva, 1974, p. 295-366, em particular as passagens em que Salles Gomes discute o racismo e a propaganda.

INTRODUÇÃO

Na construção de um discurso político, conselho valioso é aquele em que "o novo não está no que é dito, mas no acontecimento em sua volta".[1] Nesse sentido, quando se pensa a falência de uma política conhecida por *populista* ocorrida num intervalo democrático entre duas experiências ditatoriais na República; na aposta desenvolvimentista que permeou a modernização brasileira neste mesmo período; ou na proposta de um Estado autoritário em tempos democráticos, sustentado por um discurso legitimador da "ordem", é necessário observar criticamente tais discursos em seus respectivos contextos, a começar pela memória que deles vingaram. E ter a cautela de não incorrer em abstrações teóricas que releguem um "idealismo vulgar"[2] às camadas mais amplas da sociedade, geralmente as populares, tomando-as pura e simplesmente como "submissas" no jogo político, sem, antes, considerar as tramas das relações sociais.[3]

No decurso das próximas páginas, as reflexões se inserem no âmbito da construção discursiva e dos usos da representação para fins políticos. O que move a presente investigação (fruto de um mestrado concluído em 2007 e de artigos complementares publicados nos anos seguintes) é a tentativa de compreender a elaboração de um discurso político, e a sua memória histórica, numa sociedade que vivia a redescoberta da democracia no pós-46. Porém, a tarefa de compreender a estratégia política permeada

---

1 Foucault, Michel. *A Ordem do Discurso — aula inaugural no Collége de France, pronunciada a 2 de dezembro de 1970.* São Paulo: Edições Loyola, 1998, p. 26.

2 Franco, Maria Sylvia Carvalho. "O tempo das ilusões". In: Chauí, Marilena e Franco, Maria Sylvia Carvalho. *Ideologia e Mobilização Popular.* Rio de Janeiro: Paz e Terra, Centro de Estudos de Cultura Contemporânea, 1978, p. 151-209.

3 *Ibidem*, p. 167.

por uma mitologia com seus signos e valores – que remetem à tradição e cultura à sua volta – será feita decupando filmes.

Partiremos de dois temas: um deles muito pouco visitado nos estudos históricos sobre política: o adhemarismo, que como tantos outros "ismos" é comumente diluído na apreensão teórica pelo conceito *populismo*, uma espécie de lugar-comum nas abordagens sobre a forma de se fazer e entender a política entre 1930 e 1964. O segundo tema, inserido na relação entre política e cinema é o cinejornal, um formato cinematográfico utilizado para divulgar a política adhemarista no contexto democrático pós 1946. Temas que se unem, portanto, na aposta de Adhemar Pereira de Barros em lançar mão do cinejornal *Bandeirante da Tela* (BT), produzido entre 1947 e 1956, para divulgar sua imagem na cena política do final dos anos de 1940 até meados da década seguinte.

Analisar a construção de um discurso político no formato de um cinejornal – e a sua desconstrução – exige um trabalho em diferentes níveis. A começar pela busca de subsídios às discussões que envolvem o imaginário coletivo de um determinado contexto sócio-histórico. Mas não sem antes alçar o cinema ao estatuto de fonte histórica, aceitando a sua potencialidade na relação "história e imagem", e enxergando as possíveis imbricações entre "cinema e política". Nesta díade, há de se deter na historicidade e nas discussões específicas que cercam os dois flancos, que neste trabalho são: a política na trajetória de Adhemar de Barros durante os anos de 1940 e 1950 – considerando os necessários recuos e avanços explicativos nestas balizas cronológicas; e o cinema como fonte, o BT, compreendido no meio cinematográfico ao qual pertenceu, bem como analisado pelo viés da decupagem cinematográfica e no diálogo com outras fontes.

É a partir do cinema enquanto fonte para o ofício do historiador que buscamos nosso principal objetivo, que é entender em que medida um veículo de massas no formato cinejornal possibilita revisitar – a partir das suas próprias opções políticas de representação – a sociedade para a qual ele foi pensado. Neste caso, a sociedade paulista em meio à redemocratização e uma forte promessa de progresso, entre o final dos anos de 1940 e a década seguinte.

Quanto à pesquisa e o texto aqui apresentados, são necessários alguns esclarecimentos prévios. Todo este trabalho foi realizado em minha Pós-Graduação (entre 2004 e 2007), porém, ele possui uma "gestação" anterior: quando iniciei, em 2001, o meu estágio na Cinemateca Brasileira (CB), e para lá retornei, em 2003, como colaborador. Neste período tomei contato com a sistematização de cinejornais para o *Censo Cinematográfico Brasileiro*,[4]

---

4   Com o objetivo de preservar a memória do cinema nacional, o projeto *Censo Cinematográfico Brasileiro* sistematizou, entre 2001 e 2006, dados técnicos e históricos da produção cinematográfica brasileira desde o seu

trabalhando na alimentação, indexação e revisão de informações do *Cine Jornal Informativo* (CJI) para a base de dados *Filmografia Brasileira*. Durante este trabalho, deparei-me com a série BT, uma dentre as demais séries de cinejornais ali existentes.[5] Depositado no início dos anos de 1970 na CB, o BT possui uma trajetória comum a das várias coleções que lá estão. Na sua chegada, a preocupação inicial foi com o seu estado de preservação e a manutenção de certa ordem do lote a partir das anotações contidas nas latas e nos próprios rolos, bem como a reunião das informações constantes em fichas que acompanhavam o material. Nesta primeira aproximação, foi possível identificar cerca de duzentos e trinta edições, entre 1951 e 1956, das quais setenta e cinco estavam completas e menos afetadas pela deterioração.[6] O inventário que resultou deste levantamento serviu para uma nova triagem, no início dos anos de 1980. Nela foi realizada uma prospecção mais detalhada sobre o material: confronto das bandas de som e de imagem; sinopses criadas a partir de uma decupagem do conteúdo resgatado; investigação das datas, mediante a pesquisa – quando possível – dos fatos ocorridos no período; e a indexação dos dados alcançados. Investidas que resultaram na elaboração do catálogo existente do BT,[7] composto por cento e oitenta e uma edições, entre os anos de 1949 e 1956,[8] cujo um terço se encontra disponível para fácil visionamento.

No início do nosso trabalho vislumbramos um cenário difícil para a pesquisa, pois tínhamos acesso a uma parcela por demais reduzida de uma série iniciada em 1947,[9] que alcançou a casa dos quinhentos registros no ano de 1952, e dos setecentos em 1955 – como se poderá perceber nas edições aqui analisadas. Ou seja, uma provável periodicidade de até

---

surgimento, no final do século XIX. A base *Filmografia Brasileira* é o maior legado deste projeto, e pode ser consultado no site www.cinemateca.org.br; atualmente, trata-se de uma das atividades correntes mais importantes na CB, que conta com mais de 40.000 registros disponíveis para consulta.

5   É importante lembrar que a CB possui várias coleções de filmes, e há cerca de trinta anos vem sistematizando as coleções de jornais cinematográficos que abriga, tais como o *Cine Jornal Brasileiro*, o *Cine Jornal Informativo*, o cinejornal *Carriço*, o cinejornal *Brasil Hoje*, os cinejornais *Notícias da Semana* e *Atualidades Atlântida*, as séries com o selo *Canal 100*, entre outros.

6   Estas duzentas e trinta edições identificadas pertenciam a um lote formado por trezentos e oitenta rolos, cuja pequena parte era formada por filmes de nitrato. No geral, eram abundantes sobras, pontas, materiais não editados e edições incompletas. Todas estas informações foram cedidas por Carlos Roberto Rodrigues de Souza (então curador do acervo fílmico da CB) em entrevista realizada a 22 de outubro de 2004.

7   Cinemateca Brasileira. *Bandeirante da Tela*. São Paulo: Cinemateca Brasileira / IPHAN, 1991.

8   Embora haja indícios da existência de números referentes aos anos de 1946 (1), 1947 (2) e 1948 (1). *Cf. ibidem.*

9   Segundo pesquisa realizada por José Inácio de Melo Souza sobre as sessões de cinema publicadas no jornal *O Estado de S. Paulo*, onde constam aparições, em janeiro de 1947, do "N.01" do BT em sessões do *Cine Piratininga. Cf.* Souza, José Inácio de Melo. *Filmografia do Cinema Brasileiro: O Estado de S. Paulo 1947-1949*. São Paulo: Cinemateca Brasileira, 1994, p. 1.

dois números semanais, em média, cujos lançamentos ocorreram em grandes salas de São Paulo, como o *Cine Ipiranga* e o *Cine Marabá*,[10] respectivamente, a terceira e a segunda sala com mais público nos anos 1950.[11] Soma-se à dificuldade em lidar com pouco material remanescente, a inexistência de dados sobre equipe técnica (produtor, editor, diretor, montador...), restando poucas informações quanto à companhia produtora, narração e distribuição. Sem dizer, além disso, que alguns filmes não possuem mais a sua informação sonora ou tampouco se encontram completos.

Apesar dos obstáculos intrínsecos ao desafio da investigação,[12] as próprias imagens do BT ofereceram, logo nos passos iniciais da pesquisa, possibilidades de entendimento. Nesse sentido, partimos de um universo de cinquenta e cinco edições disponíveis para consulta, e dos dados indexados de todas as edições do catálogo da CB. Com esse recorte traçamos as primeiras aproximações acerca dos interesses e das estratégias que envolveram a produção e a difusão desse cinejornal, o que nos trouxe a necessidade de expandir o *corpus* documental através de um diálogo com outras fontes e uma bibliografia específica. Contudo, faz-se necessário mais um esclarecimento: este trabalho baseia-se, essencialmente, no texto original da dissertação de mestrado homônima, concluída em 2007,[13] acrescido de pequenas correções e uma observação mais estendida na parte final do terceiro capítulo, fruto de desdobramentos posteriores.[14] Portanto, os resultados aqui apresentados contam com certo tempo decorrido, bem como a reflexão sobre eles, mas optamos por manter o percurso original da pesquisa e das suas investi-

---

10   *Ibidem*, p. 3.

11   E situadas na região conhecida por "Cinelândia paulista" nos anos cinquenta. *Cf.* Simões, Inimá Ferreira. *Salas de Cinema em São Paulo*. São Paulo: PW/ Secretaria Municipal de Cultura de São Paulo / Secretaria da Cultura do Estado de São Paulo, 1990, p. 89.

12   Como propõe José Inácio de Melo Souza, quando "na maior parte dos casos os cinejornais ou documentários chegam de forma precária aos arquivos, isso quando são recuperados. Faltam fichas técnicas, documentação escrita sobre as condições de filmagem, quais foram os redatores do texto de locução", Cf José Inácio de Melo Souza. "Trabalhando com Cinejornais: relato de uma experiência" In *História: Questões e Debates n. 38*, ano 20. Paraná: Associação Paranaense de História / UFPR, jan-jun 2003, p. 43-62.

13   Archangelo, Rodrigo. *Um Bandeirante nas Telas de São Paulo: o Discurso Adhemarista em Cinejornais (1947 1956)*. Dissertação de Mestrado apresentada ao Depto. de História Social da Faculdade de Filosofia, Letras e Ciências Humanas da Universidade de São Paulo, São Paulo, 2007.

14   Publicados em: Archangelo, Rodrigo. "Quadros do Adhemarismo". In: Bauab, José D'Amico (org.). *Paulistânia Eleitoral: Ensaios, Memórias e Imagens*. São Paulo: Imprensa Oficial do Estado de São Paulo, 2011, p. 206-228; e Archangelo, Rodrigo. "O Bandeirante da Tela: Cenas Políticas do Adhemarismo em São Paulo (1947-1956)". In: Morettin, Eduardo, Napolitano, Marcos, Kornis, Mônica (orgs.). *História e Documentário*. Rio de Janeiro: Editora FGV, 2012, p. 89-117.

das teórico-metodológicas, que continuam inéditos. De qualquer forma, este trabalho também é um convite para novas abordagens.

Na primeira aproximação com dados coletados e reunidos pela CB, uma conexão foi bastante óbvia: em meio aos assuntos indexados em todos os números catalogados, cerca de um terço diz respeito a Adhemar de Barros e os correligionários do seu partido, o Partido Social Progressista (PSP).[15] Em termos quantitativos, esta presença do líder político, e de pessoas próximas a ele, foi o indício de uso, ainda que indireto, de um jornal cinematográfico semanal para propaganda. Ainda assim, era preciso entender em que nível ocorrera o investimento de Adhemar de Barros na idealização e produção do BT, algo confusamente apontado em alguns trabalhos,[16] e difusamente em outros.[17] Diferentemente de cinejornais como o *Cine Jornal Brasileiro* (CJB) do Departamento de Imprensa e Propaganda (DIP), e o *Cine Jornal Informativo* (CJI) da Agência Nacional (AN), o BT não era uma produção estatal. Tratava-se de uma realização privada pela companhia produtora da família de Adhemar de Barros, a Divulgação Cinematográfica Bandeirante (DCB), e numa prática próxima a um tipo de *cavação*.[18] Isso explica a presença dos mais variados assuntos, tais como coberturas de casamentos e reuniões da alta sociedade; eventos religiosos e civis com autoridades do poder municipal e estadual; divulgação de cidades interioranas e de outros estados brasileiros; esportes que vão do futebol ao pólo, festividades no Jóquei Clube e reuniões de clubes filantrópicos; e novidades do próprio meio cinematográfico.

Mas qual seria o envolvimento de Adhemar de Barros com o BT? Não por acaso, o período de existência deste cinejornal corresponde ao primeiro percurso de "ascensão" e "queda" do adhemarismo em SP, ou seja, entre os anos de 1947 e 1956. Se em março de

---

15   Contabilizamos, por exemplo, um total de 62 ocorrências para Adhemar de Barros e 61 para Lucas Nogueira Garcez, dois dos principais nomes do PSP. *Cf.* Cinemateca Brasileira, *Bandeirante da Tela, op. cit.*

16   Em alguns trabalhos sobre o adhemarismo, o BT é citado anacronicamente, antes de sua existência: "É dessa fase [a Interventoria entre 1938-1941] a série de documentários jornalísticos cujo título dá bem a idéia de uma das facetas com que Adhemar pretendia se apresentar: 'O Bandeirante da Tela'". *Cf.* Sampaio, Regina. *Adhemar de Barros e o PSP*. São Paulo: Global, 1982, p. 45; e mencionado erroneamente quanto ao formato: "Sua imagem era cuidadosamente alimentada através (...) de uma ativa política de propaganda que chegou a utilizar o cinema, como na *série de documentários* intitulada 'O Bandeirante da Tela'". *Cf.* Hayashi, Marli Guimarães. *A Gênese do Adhemarismo*. Dissertação de Mestrado em História Social apresentada à Faculdade de Filosofia, Letras e Ciências Humanas da Universidade de São Paulo, São Paulo, 1996.

17   Souza, José Inácio de Melo. "Eleições e Cinema Brasileiro: Do Fósforo Eleitoral aos Santinhos Eletrônicos" In *Revista da USP nº 22 – Dossiê Futebol*. São Paulo: USP, jun/jul/ago 1994, p. 155-165.

18   Ou melhor, a prática de "cavação", em que realizadores, nas primeiras décadas do século XX, buscavam apoio junto à elite política e econômica. Em linhas gerais, tratava-se do pagamento antecipado de um filme (laudatório à imagem de quem o encomendara) antes dele chegar às telas. *Cf.* Bernardet, Jean-Claude. *Cinema Brasileiro: Propostas para uma História*. Rio de Janeiro: Paz e Terra, 1979, p. 26-27.

1947 ele tomou posse em SP como o primeiro governador eleito após a ditadura do Estado Novo, em janeiro de 1951, numa clara demonstração de poder político, entregava a faixa a Lucas Nogueira Garcez, seu sucessor pelo PSP. Contudo, a partir de 1953 o cenário mudou com o "racha" entre o governador Garcez e o PSP, além do surgimento de Jânio Quadros na cena política para as eleições municipais. Nos anos seguintes, tentou, sem sucesso, angariar eleitores para as eleições estaduais em 1954 e presidenciais em 1955. E, finalmente, a saída estratégica de Adhemar de Barros do cenário político em 1956.[19] Dois períodos, portanto, numa estratégia política vencedora num primeiro momento, mas que depois precisou convencer, inclusive tendo o cinema como aliado.

Mesmo que o BT tenha sido uma produção privada, particularmente ligada a um político e seu partido, é notável a correspondência com cinejornais governamentais. Nesse sentido, a semelhança formal com um cinejornal produzido por uma ditadura então recente, o CJB,[20] e com outro contemporâneo ao próprio BT, o CJI,[21] sugere o *know-how* de Adhemar de Barros adquirido durante a Interventoria de São Paulo (entre 1938 e 1941), assim como a tentativa em aproximar-se do modelo de propaganda de Getúlio Vargas, já no contexto do mandato getulista de 1951 a 1954. Essa proximidade, entretanto, não impede de aferir o próprio *teatro adhemarista* em cinejornais, em comparação ao que havia sido trabalhado por Getúlio Vargas, tanto no Estado Novo[22] como no mandato democrático. E mais: como o conteúdo do BT demonstra um esforço à construção de um discurso palatável à sociedade paulista.

A análise de um discurso político numa série de cinejornal se desdobra em diferentes níveis. Partindo do trabalho feito na CB, montamos um ferramental metodológico com etapas necessárias à compreensão do BT, considerando também contribuições de outros trabalhos.[23] De modo que a nossa pesquisa de campo consistiu, fundamentalmente, em quatro etapas: assistir o material, marcando o tempo do cinejornal, bem como o dos segmentos

---

19   Especificamente, o "exílio" para o Paraguai, a fim de se livrar de processo judicial movido pelo então governador Jânio Quadros, como veremos mais adiante neste trabalho.

20   Não se pode esquecer, contudo, um padrão internacional proveniente dos 1920 tanto para a produção como para a apresentação dos cinejornais. *Cf.* "Cinejornal", Souza, José Inácio de Melo. In: Ramos, Fernão e Miranda, Luiz Felipe (orgs). *Enciclopédia do cinema brasileiro.* São Paulo: SENAC, 2000. p. 134.

21   Dos 181 registros do catálogo da CB, 51 trazem notícias da Agência Nacional, que transitaram nas telas do CJI. *Cf.* Cinemateca Brasileira. *Bandeirante da Tela, op. cit.*

22   Tema analisado por Capelato, Maria Helena Rolim. *Multidões em Cena. Propaganda Política no Varguismo e no Peronismo.* Campinas: Papirus, 1998; e aprofundado em pesquisa pioneira com o CJB: Souza, José Inácio de Melo. *O Estado Contra os Meios de Comunicação (1889 – 1945).* São Paulo: Annablumme, Fapesp, 2003.

23   Sobretudo a reflexão de José Inácio de Melo Souza, "Trabalhando com Cinejornais...", *op. cit.*

que o compõe; novo visionamento, gravando o som, quando existente; e a decupagem das imagens e do som, incorporando as sistematizações e indexações preexistentes sobre o BT – a nossa própria experiência de trabalho junto à CB, aliada a um ferramental teórico-metodológico sobre a linguagem cinematográfica. Por último alimentamos, com os dados obtidos nos passos anteriores, fichas para cada filme assistido, criando-se, assim, um inventário com informações para iniciar a análise das cinquenta e cinco edições assistidas. Após esses passos, tiveram início as primeiras abordagens.

Para compreender a mensagem do BT, foi preciso desconstruí-la tendo em vista o seu contexto e universo cultural. Neste exercício, estiveram em foco certas imagens constitutivas da mensagem política transmitida, que foram criadas para dialogar com o imaginário daqueles a quem o discurso se dirigia – o espectador paulista, principalmente. Através desse diálogo entre o espectador e a mensagem política por imagens em movimento, verificamos resquícios de valores cultural e socialmente aceitos. Ou melhor, indícios do por que uma representatividade repercutiu positiva ou negativamente na sociedade – tendo em vista a trajetória de Adhemar de Barros, como veremos adiante. Nesse sentido, por exemplo, se pôde vislumbrar a sociedade sendo mais que uma espectadora: o seu papel nas relações de forças legitimadoras de um conjunto de mudanças do qual é, ao mesmo tempo, "o objeto e realizadora".[24] Principalmente em períodos eleitoreiros, quando o cálculo das estratégias de convencimento torna-se mais evidente e pronunciado,[25] com imagens em movimento que nos trazem uma visualidade das questões culturais, sociais e econômicas em jogo. Em resumo, trata-se da tentativa de compreender, por um cinejornal, as representações aceitas, ou não, pela sociedade política em certas circunstancias históricas; e pelo BT, tomar pé de uma cultura audiovisual que perpassa, inclusive, os mais variados tipos de suportes iconográficos de propaganda adhemarista.

Se já foi dito que o historiador é "bem equipado" à tarefa de analisar o "material visual",[26] também é conhecida a necessidade de cercar com cuidados o corpus documental quando se pesquisa fontes iconográficas,[27] um procedimento igualmente valioso para quem lida com séries de cinejornais. Ao articular signos diversos, representar nas telas diferentes camadas sociais e repercutir um discurso político reinventado em formas materiais distintas,

---

24   Balandier, Georges. O Poder em Cena. Brasília: Universidade de Brasília, 1982, p. 21.

25   Rémond, René. "As Eleições". Por uma História Política. Trad. Dora Rocha. Rio de Janeiro: FVG, 2003, p. 37-55.

26   Contudo, o historiador não deve esquecer a "discussão de sua produção e de seu consumo como atividades sociais, econômicas e políticas". Gaskell, Ivan. "História das Imagens". Burke, Peter: A Escrita da História: Novas Perspectivas. São Paulo: Editora da Unesp, 1992, p. 199-256, 268.

27   Vovelle, Michel. Imagens e Imaginário da História – Fantasmas e Certezas nas Mentalidades desde a Idade Média até o Séc. XX. São Paulo: Ática, 1977, p. 20-21.

uma série de cinejornal apresenta uma pluralidade de códigos partilhados, que assumem tonalidades diversas no mesmo espaço social de recepção, e diferentes apropriações de sentidos.[28] Percebe-se, assim, como uma visualidade evidencia estratégias simbólicas de posições e relações na arena pública, ao mesmo tempo em que dá suporte à identidade construída para cada camada participante do jogo político.[29]

Cotejado com uma documentação não fílmica, o BT levanta tanto questões políticas como socioculturais. Mas na análise iconológica do material fílmico também se verifica a recorrência de mitos e valores incidentes em outros suportes, mostrando que o cinejornal não foi o principal, muito menos o único, veículo da estratégia adhemarista de convencimento. Entretanto, o BT foi quem animou, cinematograficamente, toda a simbologia presente em marchinhas, programas de rádio ou materiais panfletários de Adhemar de Barros e do PSP.[30] Também contribuíram para o clareamento das questões sócio políticas, bem como certos choques de valores entre camadas da sociedade, outros fundos documentais,[31] além de uma literatura composta por livros de época,[32] memórias pessoal e institucional,[33] e até mesmo "passagens pitorescas" e estórias sobre o comportamento de Adhemar de Barros e seu eleitorado.[34] Nesse sentido, a composição de um *corpus* com fontes escritas e iconográficas foi fundamental à análise do material audiovisual, pois ampliou os parâmetros de análise sobre a mensagem adhemarista. E contribuiu, sobremaneira, para verificar como ela soou familiar à sociedade paulista, e em que medida o discurso exibido nos cinemas aproximou o político e o espectador;

---

28 Como lembra o historiador Roger Chartier, ao mencionar a tentativa de apreender um contexto histórico pelo traçado da área social em que acontece a recepção de um objeto. *Cf.* Chartier, Roger. "O Mundo Como Representação". In: *Estudos Avançados nº 11*, v. 5. São Paulo, jan/abr. 1991, p. 173-191.

29 *Cf.* Vovelle, Michel, *op. cit.*, p. 184.

30 Fontes disponíveis no Fundo Adhemar de Barros, depositado no APESP desde 2001. Limitamos seu uso ao material textual e iconográfico, não lançando mão das fotografias por se tratar de um flanco investigativo completamente extenso, para além dos limites deste trabalho.

31 No que contribui a documentação do Fundo DEOPS/SP também depositada no APESP.

32 Livros críticos à figura de Adhemar de Barros: Ramalho, João. *A Administração Calamitosa do Snr. Adhemar de Barros em SP.* Rio de Janeiro, 1941; Alves Filho, Francisco Rodrigues. *Um Homem Ameaça o Brasil: A História Secreta e Espantosa da "Caixinha" de Adhemar de Barros.* São Paulo, 1954.

33 Beni, Mário. *Adhemar.* São Paulo: Grafikor, 1973/4; e Cannabrava Filho, Paulo. *Adhemar de Barros: Trajetórias e Realizações.* São Paulo: Terceiro Nome, 2004.

34 *Cf.* Laranjeira, Carlos. *Histórias de Adhemar.* São Paulo: Carlos Laranjeira, 1990; Rey, Marcos. "O Adhemarista". In: Roniwalter Jatobá (org.). *Trabalhadores do Brasil: Histórias Cotidianas do Povo Brasileiro.* São Paulo: Geração Editorial, 1998, p. 205-217.

evidenciando, inclusive, posicionamentos do adhemarismo em relação a cinejornais estatais (como o CJI), tanto na forma como no conteúdo.

A busca por temas empáticos ao eleitor demonstra o esforço gasto na construção de uma realidade para o discurso adhemarista, onde o seu personagem principal – o próprio Adhemar de Barros – pudesse encenar vários papéis: o empreendedor progressista e moderno; o político paternal, chefe de família e solícito às iniciativas assistenciais da figura maternal da sua esposa, dona Leonor; o "doutor", médico incumbido de diagnosticar as mazelas do povo; o homem franco que nada tem a esconder, pois sua casa está de portas abertas; o homem querido pelas massas, como nas manifestações de prestígio de São Paulo e "de todo o Brasil"; o fiel devoto cristão e, por fim, o que o próprio título do cinejornal indica: o *bandeirante da tela*. Ou seja, um ícone histórico atualizado para os tempos do pós-guerra, mas ainda estandarte de uma unidade paulista. Um tipo de resgate da verve dos que habitam e trabalham em São Paulo "tendem a oferecer"[35] em proveito de um bem coletivo, comumente transfigurado na ideia do progresso.

O político e o empreendedor, o pai de família e o assistencialista, o médico e o enternecido, enfim, uma variedade de representações numa unidade merecedora de crédito: o *bandeirantismo*. Ideia cara a Adhemar de Barros, pois investida não sem conflitos e enfrentamentos com os inimigos políticos, mas bastante difundida no seu jornal cinematográfico, que noticiava semanalmente o cotidiano convidando os espectadores a partilhar símbolos e valores tomados de um caldo cultural que lhes era próprio. Desta forma, as imagens em movimento pensadas para o BT, em todo o seu ritualismo, oferecem subsídios para uma investida cultural e política sobre a história do período. Realizando, nesta chave de aproximação entre Cinema e História, a potencialidade do cinema enquanto fonte histórica.

Este trabalho é dividido em três partes. Inicialmente, apresenta algumas concepções acerca das conexões *do político* e o uso da imagem em todo o seu aspecto ritualístico conectado com o universo de práticas culturais que o circunda. Algo que remete à discussão sobre *representação* numa sociedade espectadora de imagens, independente do suporte em que elas se encontram. Quanto à (des)construção de realidades pelas imagens em movimento, o auxílio maior provém de estudos da linguagem cinematográfica, principalmente aqueles voltados aos cinejornais.

Na segunda parte, a discussão perpassa os principais flancos da pesquisa: o adhemarismo enquanto manifestação estudada, por vezes, pelo viés do populismo, ao longo dos

---

35   Cf. Saliba, Elias Thomé. "Histórias, Memórias, Tramas e Dramas da Identidade Paulistana". In: Porta, Paulo (org.). *História da Cidade de São Paulo: a Cidade na Primeira Metade do Século XX*. V. 3. São Paulo: Ministério da Cultura / Paz e Terra. 2004, p. 555-587, p. 575.

anos; e o próprio cinejornal, numa perspectiva histórica e enquanto objeto polêmico no próprio meio cinematográfico.

Por último, o ferramental teórico-metodológico apresentado é utilizado para a análise de alguns números do BT. Assim, a terceira parte deste livro expõe como alguns temas de propaganda adhemarista "ganharam vida" no discurso cinematográfico. Ao mesmo tempo, demonstram-se seus limites na construção pensada para o convencimento do espectador. Construção essa que levou para o cinema a mitologia bandeirante, retomada por Adhemar de Barros, cuja *mise-en-scène* apoiou-se em certa mitificação da modernidade e dos valores tradicionais. Através de cenários, gestos atenciosos, acenos à população, obras inauguradas ou realizadas em outras gestões, atitudes assistencialistas ou qualquer outra ação dirigida às massas, o BT se apresentou como um forte aliado no "fazer" da política adhemarista.

É na análise de um discurso político articulado a uma *cultura audiovisual*, e com a devida atenção à especificidade de um cinejornal enquanto fonte, que repousam as reflexões *históricas* aqui apresentadas. Contudo, para navegar em rios de uma história política é preciso estar com um espírito interdisciplinar, para lançar-se numa "ciência da encruzilhada"[36] e arriscar fazer julgamentos e buscar contribuições para os dias correntes num contexto político-cultural de outrora.[37] Por este caminho pavimentou-se a construção de um conhecimento histórico novo a ser mostrado nas próximas páginas. E não apenas justificado por ir contra uma variedade de outros julgamentos distintos,[38] mas por se valer dos conselhos de quem sempre questionou a pouca importância dada ao potencial do cinema brasileiro (ficcional ou não) enquanto registro cultural. Pois,

> A gente encontra tanto de nós num mau filme que pode ser revelador em tanta coisa de nossa problemática, da nossa cultura, do nosso subdesenvolvimento, da nossa boçalidade inseparável de nossa humanidade que em última análise é muito mais estimulante para o espírito e para a cultura cuidar dessas coisas do que ficar consumindo no maior conforto intelectual e na maior satisfação estática os produtos estrangeiros.[39]

---

36   Remond, René. "Uma História Presente". In: Rémond, René (org.). *Por uma História Política*. Rio de Janeiro: FVG, 2003, p. 13-6, 29.

37   Winock, Michel. "As Ideias Políticas". In: Remond, René. *Ibidem*, p. 271-194, p. 290.

38   Tuck, Richard. "História do Pensamento Político". In: Peter Burke (org.), *A Escrita da História. op. cit.*, p. 273-289, p. 289.

39   Gomes, Paulo Emilio Salles. Entrevista concedida a Carlos Reichenbach, Inácio Araújo e Eder Manzini. In: *Revista Cinema n. 01*. São Carlos: Centro Acadêmico Armando Salles Oliveira / USP. Julho de 1974, p. 7.

Enfim, trata-se da releitura de uma página de determinada cultura política, e uma contribuição à percepção crítica sobre o uso das imagens na retórica política e partidária. Sendo assim, que este pequeno recorte sobre o nosso passado, revisitado pelas lentes de um cinejornal, traga subsídios para a compreensão de questões atuais; e que realize o empreendimento do ofício da História: tornar a nossa ação presente mais enriquecedora.[40]

---

40   Bloch, Marc. *Apologia da História*. Rio de Janeiro: Zahar, 2002, p. 63.

A POLÍTICA EM CINEJORNAIS

AS IMAGENS E UMA HISTÓRIA CULTURAL E POLÍTICA

> Porque é muito necessário conhecer os costumes dos ouvintes, e as opiniões que entre eles correm, para assim regularmos o discurso, (...) Se assim fizermos, antes mesmo de pronunciarmos o nosso discurso, poderemos saber o juízo que dele hão de formar os nossos ouvintes.
>
> Quintiliano. *Instituições Oratórias.*[1]

Escritos há mais de mil e quinhentos anos, tais conselhos nunca pareceram tão atuais... Para o autor, a elaboração de um discurso, com toda eloquência que procurou ensinar, deve corresponder a certas exigências. Pode-se falar de tudo. Mas existem precauções na escolha de um repertório, que é algo dificilmente universal, pois há lugares onde a sua "eficiência" é maior. Portanto, para que a coisa seja convincente, decente e até mesmo conveniente como na pintura de Antígono feita por Apeles, que foi pintado de perfil para encobrir a deformidade da falta de um olho,[2] ele necessita estar minimamente situado para que seja compreendido e cause o efeito esperado. Por outro lado, o discurso, em todo o seu processo de elaboração, tenta não demonstrar os cuidados tomados.

Seja falado, escrito, pintado, fotografado ou filmado, muito da credibilidade de um discurso está em não deixar transparecer a construção que o sustenta. Pretende-se

---

1   Quintiliano, Marco Fábio. *Instituições Oratórias*. São Paulo: Cultura, 1944, p. 118.

2   *Ibidem*, p. 53.

RODRIGO ARCHANGELO

leve e espontâneo, independente da linguagem empregada. Essa leveza e a espontaneidade
são elementos que fortalecem a retórica de qualquer discurso, a sua "última palavra".[3] Principalmente num discurso político, sempre calcado na legitimação da mensagem que carrega,
e na intenção de se tornar porta-voz de um grupo, ou melhor, de exercer um controle sobre
ele, de *representá-lo*. Nesse sentido, identificar os elementos que sustentam a construção da
representação é algo fundamental à análise de um discurso político. Sobretudo quando se
trata de um discurso político com imagens em movimento.

Se os cuidados, as apostas e as opções observadas na construção de um discurso
dizem respeito às opiniões e aos costumes dos ouvintes – como já dizia Quintiliano em
tempos idos; nas sociedades modernas, os meios de expressão que recorrem ao uso da imagem para veicular um discurso político também dialogam com as expectativas do público
espectador. Nesse sentido, investigar imagens requer observar em até que ponto certas representações tocaram o espírito do receptor, e como estão presentes no seu imaginário.[4] Seja
em uma manifestação artística – como as artes visuais, por exemplo – ou numa manifestação
cultural – como um cinejornal, as representações trazem imagens pautadas no dado social
e cultural do real.[5] E mesmo que um cinejornal não possa ser considerado uma "obra" no
sentido autoral, ele também está no *imaginário coletivo*,[6] carregando signos que remetem à
cultura audiovisual partilhada por seus espectadores.[7]

Independente da sua forma e veiculação, as imagens são testemunhos do contexto
homem-sociedade e são representações de vários campos do todo social.[8] Na pesquisa histórica, elas contribuem à compreensão das agitações de um tempo curto, assim como o peso
de uma herança longa.[9] Elas, as imagens, também articulam múltiplas expressões do imagi-

---

3   Foucault, Michel. *A Ordem do Discurso*, op. cit., p. 14, 21-36.

4   É valido considerar, no tocante a representação em imagens, o sentido às artes visuais, que "não servem aos
    homens para vestir pensamentos fora de seu espírito". Francastel, Pierre. *A Realidade Figurativa*. São Paulo:
    Perspectiva, 1993, p. 13.

5   *Ibidem*, p. 92.

6   *Ibidem*, p. 17.

7   O conceito *cultura audiovisual* aqui utilizado tomado, principalmente, a partir da ideia de "cultura visual",
    pensado por Michael Baxandall, para compreender um olhar de época, tendo por analogia a sensibilidade do
    pintor que se apoiava nos filtros culturais e capacidade visual de seu público. Os cinejornais compartilharam
    da experiência e hábitos audiovisuais do grande público do espetáculo cinematográfico; daí a possibilidade de
    compreender uma *cultura audiovisual* pelos códigos historicamente constituídos e disseminados por eles. Cf.
    Baxandall, Michael. *O Olhar Renascente: Pintura e Experiência Social na Itália da Renascença*. Rio de Janeiro:
    Paz e Terra, 1991, p. 48.

8   Francastel, Pierre. *A Realidade Figurativa*, op. cit, p. 96.

9   Vovelle, Michel. *Imagens e Imaginário da História*, op. cit. p. 31.

nário coletivo, comuns às mais variadas camadas da sociedade,[10] com representações que se colocam como um eixo central à empreitada do historiador. Qual sejam os diversos tipos de suportes,[11] as imagens catalisam elementos do real, trazem representações de um passado a serem estudadas sob a luz da investigação histórica e da metodologia apropriada à linguagem iconográfica, fotográfica ou audiovisual, como no caso da mensagem em um cinejornal.

Portanto, vale dizer que o cinejornal traz, em si, elementos para além do objetivo primeiro de sua confecção. As imagens contidas no filme são mais que um repositório especular de informações, elas descortinam dimensões da vida social, cultural e política. De modo que o que está representado na película se valeu de elementos do já simbolizado e socializado,[12] e é nesta complicada trilha que o historiador deve confrontar o seu desafio, que é ir a fundo à compreensão de uma prática cultural, cujo potencial repousa na sua reprodutibilidade e disseminação na sociedade de massas, como é o cinema.[13] Em outras palavras, por estar o cinejornal inserido numa coletividade, compete ao historiador investigar a sua historicidade, bem como as representações *do* e *no* passado que ele comporta. Entendido desta forma, o cinejornal é uma entrada para uma história cultural, cuja característica é se aproximar do passado por meio das suas próprias representações.[14]

Como um veículo de comunicação em massa entre outros (rádio, televisão etc.), o discurso político de um cinejornal também convida à reflexão sobre as estratégias utilizadas para obter a representatividade sobre determinado grupo; à compreensão de formulações retóricas, precavidas na escolha do repertório e dos "lugares" onde a eficiência do discurso possa ser maior; e o entendimento das conexões que alçaram o político enquanto ponto para onde confluiu a maioria das atividades coletivas, recapitulando outros aspectos do social,[15] uma vez que

> (...) um povo se exprime tanto pela sua maneira de conceber, de praticar, de viver a política tanto quanto por sua literatura, seu cinema e sua cozinha. Sua relação com a política revela-o da mesma forma que seus outros comportamentos coletivos.[16]

---

10   *Cf.* Vovelle, Michel. *Ideologias e Mentalidades*. São Paulo: Brasiliense, 2004, p. 71.

11   Pesavento, Sandra Jatahy. *História e História Cultural*. Belo Horizonte: Autêntica, 2005, p. 42.

12   Leutrat. Jean-Louis. "Uma relação de diversos andares: cinema e história". In: *Revista Imagens nº 5*. São Paulo: Campinas: Unicamp, ago/dez. 1995, p. 28-32, p. 31.

13   *Cf.* Benjamin, Walter. "A Obra de Arte na Época de sua Reprodutibilidade". In: Benjamin, Walter. *Magia e Técnica, Arte e Política*. São Paulo: Brasiliense, 1985, p. 165-196.

14   Pesavento, Sandra Jatahy. *História e História Cultural, op. cit.*, p. 42.

15   Rémond, René. "Do Político". In: Rémond, René. *Por uma História Política, op. cit.*, p. 441-450, p. 447.

16   *Ibidem*, p. 449.

Nesse sentido, o cinejornal se apresenta como um aporte para se pensar o político pelo viés cultural. Ou melhor, para que o historiador possa praticar uma *história cultural do político*, investigativa do imaginário do poder e da performance dos atores, e do uso político de símbolos, ritos, mitos e crenças que, porventura, pautem "a ação e a percepção da realidade".[17] É inegável, também, o potencial de um cinejornal, ou de uma série inteira, como fonte histórica para o estudo de uma cultura política[18] que se estenda, inclusive, à abordagem das *ideias políticas* que atravessam todas as camadas da sociedade, sobretudo em períodos de propaganda eleitoral, onde se torna mais evidente a influência recíproca entre o comportamento político dos atores e dos espectadores.[19] Permeado de imagens que dizem respeito à tessitura social e cultural representada nas telas, o cinejornal – com todo o *ritualismo* que apresenta em suas notícias – oferece, em suma, elementos privilegiados ao estudo da prática política. Com subsídios para mensurar, inclusive, a sociedade enquanto entidade reguladora do "poder em cena" no jogo político, cuja encenação se dirige à coletividade que lhe dá suporte. E esta coletividade, mais que uma mera espectadora, ao mesmo tempo ensina e cobra o político das suas responsabilidades.[20]

Na sua constante busca e manutenção do poder, o ritualismo político, recorrente em cinejornais, colhe seus elementos discursivos do público que o assiste, das suas aspirações sociais, culturais e até psicológicas.[21] Nesse sentido, a sociedade receptora de um determinado discurso político deve ser investigada no maior número possível dos meandros que compõe a sua trama social. Por esse caminho, é importante identificar um *sistema simbólico* que traduza, em última instância, as representações individuais e coletivas como dimensões fundamentais das distinções do mundo social.[22] E que exprimam posições, juízos de valores e a produção de práticas sociais e culturais num determinado espaço social.[23] Tarefa que também pode identificar diferenças simbólicas mostradas nos próprios corpos e comportamentos, algo indiciário de aproximações e distancia-

---

17 Pesavento, Sandra Jatahy. *História e História Cultural, op. cit.*, p. 75.

18 Um tipo de fonte vista até como "inusitada" para este tipo de empreendimento. *Cf.* Winock, Michel. "As Ideias Políticas". In: Rémond, René, *Por uma História Política, op. cit.*, p. 278-279.

19 *Cf.* Jeanneney, Jean-Noel. "A Mídia". In: Rémond, René, *op. cit.*, p. 213-230.

20 Algo como uma "pedagogia coletiva [que] ensina ao soberano, requerendo a sua fidelidade". *Cf.* Balandier, Georges. *O Poder em Cena, op. cit.*, p. 20.

21 Quanto ao aspecto psicológico Adorno observa certa ambivalência na "imagem do líder", um *duplo* da identificação entre o obedecer e o querer parecer-se com ele. Adorno, Theodor W. "A Teoria Freudiana e o Padrão da Propaganda Fascista". In: *Margem Esquerda n.7.* São Paulo: Boitempo, maio de 2006, p. 164-89, p. 177.

22 Bourdieu, Pierre. *Coisas Ditas.* São Paulo: Brasiliense, 2004, p. 163, 184.

23 *Ibidem*, p. 158-159.

mentos – em muitos casos, a própria *condescendência* pode reafirmar um estratégico distanciamento social;[24] e refletir sobre as imagens que tentam representar o conceito de "popular" e de "povo", dada a rentabilidade e eficiência simbólica que gozam estes conceitos no jogo político.[25] Enfim, considerações que contribuem para desmistificar discursos que se valem de uma complexidade simbólica que habita a própria valoração do grupo que os sustentam e os alimentam – seja retroalimentando regras de *distinção social*,[26] seja alimentando os *mitos* criados nas frestas das próprias diferenças (sociais, culturais, econômicas) que a sociedade apresenta.

Ainda sobre as imbricações entre a política e a sua representação em imagens, não se pode perder de vista a narrativa que uma *mitologia política* ostenta. Essa "narrativa mítica" sobre um ente político contém, em si, uma visão global e estruturada do passado, presente e futuro coletivos.[27] Numa pesquisa histórica, cabe ao historiador encontrar elementos desmistificadores da construção do mito político, e compreender como essa mesma construção se valeu de um imaginário coletivo para tornar o mundo coerente em seu discurso – para tanto, é preciso atenção aos traços que lhe são peculiares. Nesta empreitada, algumas chaves de análise podem ser elucidativas, tais como: a imagem do *salvador*, imagem convincente tanto pela liderança exercida quanto pela qualidade de homem comum; a *idade de ouro*, um passado ideal ambicionado por toda uma coletividade; ou mesmo uma ideia de *unidade* (transfigurada numa crença, coletividade, cidade ou pátria) enquanto força irradiadora de harmonia e de pertencimento.

Quando uma abordagem histórica tem por objetivo analisar uma mitologia política, deve-se estar atento às chaves explicativas de seu surgimento, da construção que lhe deu força ao longo do tempo, e da figura central em que se baseia. O que significa, também, compreender um tipo de criptografia que envolve símbolos, imagens e arquétipos.[28] Logo, é extremamente necessário ater-se aos elementos que reconstroem, atualizam e fortalecem o mito. Trata-se de estar, de fato, atento e preparado às surpresas que surgem ao refletir sobre o universo sociocultural de onde é retirada a essência das representações;[29] e se os

---

24   *Ibidem*, p. 155.

25   *Ibidem*, p. 184.

26   Permeada por um *poder simbólico* medido pelo "reconhecimento" que possui um ente social nas relações socioculturais, políticas e econômicas. Quanto mais "reconhecimento", maior o seu *capital simbólico*. Cf. Bourdieu, Pierre. *O Poder Simbólico*. Rio de Janeiro: Bertrand Brasil, 1998, p. 187-188.

27   Girardet, Raoul. *Mitos e Mitologias Políticas*. São Paulo: Cia. das Letras, 1987, p. 182.

28   *Ibidem*, p. 13.

29   Certeau, Michel de. *A Cultura no Plural*. Campinas: Papirus, 1995, p. 35.

RODRIGO ARCHANGELO

elementos transpostos para o discurso são "signos críveis" de uma experiência concreta, ou pura criação ficcional.[30] Dessa forma, pode-se tomar, por exemplo, a *promessa de felicidade* colhida no imaginário, principalmente das grandes cidades, enquanto elemento fortalecedor da narrativa mítica de um discurso político. Uma ideia que, não raro, agrega formulações como a *idade de ouro* a ser recuperada, ou a *unidade* a ser mantida, e que ganham força quando propagandeadas por meios de comunicação que se desenvolveram com a sociedade moderna, tal como o cinema. Nesta mesma chave, uma mitologia política pode sustentar um clima psicológico e social de incertezas, medos e/ou angústias coletivos – chegando até a identificar atores sociais como os seus responsáveis –,[31] bem como se valer de um ressentimento disseminado nas camadas do todo social, travestindo-o de indignação social.[32] E, por fim, há de se considerar quando mitos e mitologias políticas não mais sustentam discursos políticos cujas representações perderam credibilidade perante a concretude do dia a dia, tornando-se ineficientes porque já não dizem muito ao lugar, à realidade da sociedade que o assiste.

Várias são as possibilidades de se pensar o político pelo viés de uma abordagem cultural, como na chave da mitologia política e suas representações, mencionada acima. Contudo, os efeitos (ou mesmo a indiferença) de um discurso político na sociedade, ou em setores dela, devem ser observados pela forma com que são levados ao público. Pensado em termos cinematográficos, esta forma nos remonta às questões sobre a visualidade contida na sua *mise-en-scène*. Nesse sentido, desde as primeiras décadas do século XX, é recorrente no cinema brasileiro algo ritualístico, que exalta o poder da elite política e econômica, bem como as belezas naturais brasileiras. Especificamente falando, são as concepções de "ritual do poder" e "berço esplêndido" presentes em películas nacionais.[33] No caso do cinejornal BT, a pretensão de se mostrar leve e espontâneo como um elogio – ou verdadeiro por "provar" com imagens o poder de uma elite política e econômica, e a beleza dos cenários por onde ela desfila – praticamente equivale ao comportamento ensaiado dos seus atores, dentre os quais Adhemar de Barros nos anos de 1940 e 1950, como será mostrado mais adiante.

---

30   *Ibidem*, p. 35.

31   Girardet, Raoul. *Mitos e Mitologias Políticas, op. cit.*, p. 53-54.

32   *Cf.* Bourdieu, Pierre. *A Economia das Trocas Simbólicas*. São Paulo: Perspectiva, 2005, p. 7.

33   *Cf.* Gomes, Paulo Emílio Salles. "A Expressão Social dos Filmes Documentais no Cinema Mudo Brasileiro (1898 – 1930)". Texto de 1974, disponível em Calil, Carlos Augusto e Machado, Maria Teresa (orgs.). *Paulo Emílio: Um Intelectual na Linha de Frente – Coletânea de Textos de Paulo Emilio Salles Gomes*. São Paulo: Brasiliense: Rio de Janeiro: Embrafilme, 1986, p. 323-328.

Grande plano geral de arranha-céus da cidade de São Paulo: a pujança do "berço esplendido" bandeirante. *Bandeirante da Tela nº 591*, 1954. Acervo Cinemateca Brasileira.

O "ritual do poder" nas telas: O "iniciante" Lucas Nogueira Garcez e esposa em recepção ao então "padrinho político" Adhemar de Barros. *Bandeirante da Tela nº 501*, 1952. Acervo Cinemateca Brasileira.

Por detrás das representações de um discurso político nos cinemas, a escolha por exibir certos aspectos de um dado assunto, em detrimento de outros, traduz interesses na aproximação com o público espectador.[34] Por este caminho é possível encontrar elementos para desconstruir o mito político, que jamais deixa de "enraizar-se numa certa forma de realidade histórica", pois não foge ao fato dele surgir a partir de um

> (...) ser de carne e osso, historicamente definível, e cujo *processo* de heroificação poderia fazer esquecer os traços particulares que são os de uma personalidade e de um destino.[35]

Não seria, portanto, esse "processo de heroificação" do homem público, do político, identificável na própria linguagem cinematográfica, na encenação do ritual do poder em que a

> demonstração de *naturalidade do ídolo*, e mesmo sua qualidade de ser comum, torna-se parte importante da apoteose; ele pode ser qualquer um, mas ao mesmo tempo é algo mais (...) Para que uma personalidade se transforme num ídolo tem que se estabelecer um elemento de identificação (...) nas respostas emocionais de um amplo público.[36]

Por outro lado, mas de igual modo, a própria população captada publicamente, em sua espontaneidade, não deve ser desconsiderada. As faces e os olhares na tela, por si só, ofe-

---

34 Kracauer, Siegfried. "O espectador". In: *Filme e Cultura* n. 1, v. 1. São Paulo, out. 1966, p. 27-38, 30.

35 Girardet, Raoul. *Mitos e Mitologias Políticas, op. cit.*, p. 81. Grifo nosso.

36 Furhammar, Leif e Isaksson, Folke. *Cinema & Política*. Rio de Janeiro: Paz e Terra, 1976, p. 160. Grifo nosso.

recem conclusões por mais que se pretenda dar outro sentido.[37] Por conseguinte, as convenções políticas passam a ter gestos e rostos que vão além das bandeiras, dísticos e canções e, invariavelmente, deixam rastros na película. Ou melhor, momentos de uma espontaneidade, ainda que ensaiada, mas que é inestimável à compreensão e releitura de uma dada memória política. Quando expostos ao olhar público, entes políticos personificam a política em gestos e trejeitos, isto é, em sinais corporais que passam a ter uma função política mesclada à particularidade de quem a encena.[38]

A IMAGEM EM CINEJORNAIS E A BUSCA EM OUTROS SUPORTES

A opção pelo cinema como fonte histórica deve ser seguida de uma postura atenta do historiador aos detalhes da linguagem cinematográfica. Tal opção também exige cuidados com as especificidades da obra fílmica, considerando as condições de sua produção e o seu processo de construção. A partir destes pressupostos, é possível começar a perceber o latente através do aparente, ou melhor, caminhar para uma *contra análise* da sociedade a partir dos *lapsos* do realizador deixados na obra cinematográfica.[39] O que, todavia, ainda é pouco para abarcar em profundidade os diversos gêneros e formatos cinematográficos, pois analisar um filme não é apenas limitar-se em trazer à tona um *lapso* que "sem querer (…) vai contra as intenções daquele que filma, ou da firma que mandou filmar".[40] Assim, deve-se assumir o filme enquanto documento histórico por completo, ou melhor, atribuir-lhe um estatuto de fonte já adquirido noutros suportes, libertando-o da comparação com a fonte escrita enquanto paradigma de sucesso para o resgate do passado.[41] Entender o cinema para além de uma manifestação artística e cultural que corrobore, ou simplesmente ilustre, um saber histórico já consolidado.

---

37 Kracauer, Siegfried. *The Conquest of Europe on the Screen: The Nazi Newsreel (1939-1940)*. Washington: Library of Congress, 1943 (dat), p. 27.

38 *Cf.* Mergel, Thomas. "Algumas considerações a favor de uma história cultural da política". In: *História – Unisinos: Revista do Programa de Pós-Graduação em História da Universidade do Vale do Rio dos Sinos V. 7, Nº 8*. São Leopoldo: Unisinos, 2003, p. 11-55, p. 40.

39 *Cf.* Ferro, Marc. "O filme: uma contra-análise da sociedade?". In: Le Goff, Jacques e Nora, Pierre (orgs.) *História: Novos Objetos*. Rio de Janeiro: Francisco Alves, 1976, p. 202-230.

40 Para Marc Ferro, também há lapsos nos documentos escritos, porém, "(…) no filme há lapsos a todo o momento, porque a realidade que se quer representar não chega a esconder uma realidade independente da vontade do operador". *Cf.* Morettin, Eduardo Victorio. "O Cinema Como Fonte Histórica na Obra de Marc Ferro". In: *História: Questões e Debates*, ano 20, n. 38. Paraná: Associação Paranaense de História (APAH) / UFPR, jan/jun, 2003. p. 11-42, p. 14.

41 *Ibidem.*

Ainda na chave da *contra análise* da sociedade, deve-se ir além da constatação de *lapsos* na polissemia das imagens cinematográficas. Ou seja, desconstruir o discurso cinematográfico entendendo os limites e as fronteiras específicos de cada categoria fílmica – como é o caso do cinejornal – pelo mergulho em todo o processo de realização, considerando os meios para a sua produção, os interesses em jogo, exibição e circulação, as convenções do gênero ao qual pertence, bem como a composição com outras fontes para melhor análise do próprio campo cinematográfico. No mínimo, tais cuidados contribuem para refinar as interpretações obtidas na própria obra cinematográfica, sem que esta necessite do aval de um saber preexistente, num sentido que desmereça o cinema como interlocutor para diversos fenômenos da atividade coletiva. Inclusive a política, como o adhemarismo nas salas de cinema em São Paulo por meio do seu cinejornal, o BT.

Enquanto manifestação cinematográfica, o cinejornal reapresenta um espaço e um tempo reinventado e redimensionado segundo opções formais – e políticas, de acordo com interesses envolvidos. Logo, é fundamental entender as construções que ele comporta, inclusive com contribuições de outros campos à interpretação da imagem. Ainda que não se trate de cinema, a compreensão do processo fotográfico, por exemplo, oferece elementos para se pensar as construções, ou melhor, as "realidades" contidas numa representação. Nesse sentido, as *realidades da fotografia* ajudam a pensar as diferentes dimensões da composição imagética. De forma sucinta, mas muito próximo ao processo cinematográfico, a fotografia (e o cinema) não traduz o real, e sim o "registro expressivo da aparência...".[42] Tal como na fotografia, o discurso cinematográfico seleciona do real, da *primeira realidade*,[43] o registro tornado visível na película – a *segunda realidade*,[44] enquanto dimensão representada do passado. No percurso da concepção da imagem ocorre uma *realidade interior*, intrínseca ao próprio ato fotográfico, mas oculta e inacessível fisicamente.[45] Por fim, tem-se uma *realidade exterior* acessível em sua exterioridade:[46] o próprio assunto representado, uma pequena face do passado "cristalizada expressivamente", que é o aspecto visível da imagem tornada documento para o historiador. Em um cinejornal, pode-se compreender questões do contexto histórico, a *primeira realidade*, lidando com a sua *realidade exterior* – as imagens registradas na película;

---

42 Kossoy, Boris. *Realidades e Ficções na Trama Fotográfica*. São Paulo: Ateliê Editorial, 2000, p. 38.

43 O assunto em si, do qual a fotografia participa por um único instante no momento de sua geração, a "história particular do assunto independentemente da representação". *Ibidem*, p. 36.

44 A própria representação, que corre na dimensão da imagem fotografada, ou melhor, a realidade fotográfica do documento, já na chave de uma "referência sempre presente de um passado inacessível". *Ibidem*, p. 37.

45 *Ibidem*.

46 *Ibidem*.

RODRIGO ARCHANGELO

mas aprofundando-se na trama de sua *realidade interior*, onde se pode investigar, por exemplo, as circunstâncias de filmagens e os interesses na encomenda de imagens.

Ainda com a aproximação entre a fotografia e o cinema, poderia-se pensar em uma espécie de linha evolutiva, tendo a linguagem cinematográfica como multiplicadora das "interpretações estáticas da fotografia por aquelas que surgem da aproximação de planos".[47] Contudo, há de se ter cautela nesta "evolução" entre imagem fotográfica (estática) e cinematográfica (em movimento), pois, no limite desta comparação, o mundo fotografado mantém com o mundo real "a mesma relação essencialmente errônea que se verifica entre as fotos de filmes e os filmes".[48] Por outras palavras, se um fotograma permite observar um único momento pelo tempo que for necessário, ele contradiz a própria forma do filme; tal como uma coleção de fotografias, que ao congelar os momentos de uma vida ou de uma sociedade "contradiz as formas destas, que é um processo, um fluxo no tempo".[49]

Contudo, as análises de fotogramas e quadros captados digitalmente – como apresentados mais adiante – devem, necessariamente, considerar a sua natureza cinematográfica, sua inserção no plano-sequência, seja qual for o dado novo descoberto. Até porque a fotografia e o cinema são linguagens com dispositivos e meios próprios, possuem "tempos" distintos quanto à observação: por exemplo, o tempo de observação de uma foto que, tal como em um livro, depende do leitor; ao contrário do espectador em uma sala de cinema, que se submete ao tempo "determinado pelo cineasta", tendo as imagens *percebidas* como rápidas ou vagarosas apenas de acordo com sua edição".[50] Evidentemente, também há de se considerar, além da edição cinematográfica, o repertório de referenciais que dialogam, por representações diversas, com o repertório cultural dos seus receptores. Ou seja, tanto o cinema, como a fotografia, nunca estarão livres da percepção dos seus receptores, ou seja, do referencial cultural daqueles que os percebem. Ainda que os planos de câmera e a montagem sejam dispositivos pensados para "impor aos espectadores sua interpretação ao acontecimento representado",[51] a representação em imagens também deve ser analisada na chave da receptividade, não perdendo de vista a "criação / construção de realidades"[52] conectada a uma específica cultura audiovisual.

---

47   Bazin, André. *O Cinema: Ensaios*. São Paulo: Brasiliense, 1991, p. 56.

48   Sontag, Susan. *Sobre Fotografia*. São Paulo: Cia. das Letras, 2004, p. 96.

49   *Ibidem*.

50   *Ibidem*.

51   Bazin, André. *O Cinema: Ensaios, op. cit.*, p. 68.

52   Kossoy, Boris. "O relógio de Hiroshima: reflexões sobre os diálogos e silêncios das imagens". In: *Revista Brasileira de História v. 25, nº 49, Dossiê: História e manifestações visuais*. São Paulo: ANPUH, jan-jun, 2005, p. 35-42, 38-9.

Obviamente, deve-se partir dos próprios dispositivos da linguagem cinemato-gráfica para se compreender a construção da mensagem num filme. Mas no caso de um cinejornal, é necessário atenção às especificidades, como, por exemplo, o universo frag-mentado que apresenta.[53] Numa rápida definição, o cinejornal consiste num registro em curta metragem, seriado, com uma periodicidade semanal para apresentação ilustrada de eventos,[54] exibido no espaço das sessões cinematográficas antes do longa-metragem – aqui também conhecido por "complemento nacional". Uma estabilização na produção desse gê-nero no Brasil ocorreu a partir da década de 1920, devido a grande quantidade de títulos no mercado exibidor brasileiro,[55] padronizando, aos poucos, a duração e o formato de apresentação com os letreiros iniciais e títulos de segmento, que anunciam as notícias dentro da mesma edição.[56] *Newsreels* ingleses e norte-americanos, *noticiarios* espanhóis, *actualités* franceses, *cinegiornali* italianos, *wochenshau* alemães; o jornal cinematográfico, ou simplesmente cinejornal, marcou presença, principalmente na primeira metade do século passado, em diversos cantos do planeta[57] e no Brasil.[58] A partir dos anos de 1930, contou com uma legislação que garantia sua presença nas salas cinematográficas,[59] sendo, inclusi-ve, institucionalizado como propaganda oficial do Governo Federal (o CJB do DIP). Ou-tra característica dos cinejornais é a defasagem de tempo em relação aos outros veículos de comunicação, como os jornais, o rádio e, ao fim, a televisão. Mas, se ao chegar às telas, raramente um cinejornal apresentava um conteúdo inédito,[60] a novidade estava numa ou-tra dimensão dada aos acontecimentos, por exemplo:

---

53   Uma vez que o cinejornal pode apresentar "uma série de catástrofes seguidas por um show de moda". *Cf.* Fiel-ding, Raymond *apud* Souza, José Inácio de Melo. "Trabalhando com Cinejornais: relato de uma experiência", *op. cit.*, p. 46.

54   *Cf.* Reisz, Karel e Millar, Gavin. *A Técnica da Montagem Cinematográfica.* Apresentação: Alberto Cavalcanti; Rio de Janeiro: Embrafilme / Civilização Brasileira, 1977, p. 188.

55   *Cf.* Ramos, Fernão e Miranda, Luiz Felipe (orgs). *Enciclopédia do cinema brasileiro, op. cit.*, p. 133-135.

56   É impossível estabelecer o tempo de duração para ampla variedade de cinejornais. Contudo, na sistematização do BT, a duração varia entre seis até dez minutos.

57   *Cf.* Weinberg, Jacques A. "A voz de Deus: um estudo da narração de cinejornais em tempos de guerra – a persuasão audiovisual de um povo". In: *Intercom – Revista Brasileira de Comunicação n. 2, v. XV.* São Paulo: jul/dez, 1992, p. 144-66, p. 154-5.

58   Dos mais de 40.000 registros de filmes reunidos pela CB, disponíveis na base de dados Filmografia Brasileira, quase um terço são cinejornais. *Cf.* Cinemateca Brasileira. *Filmografia Brasileira*, disponível em: www.cinema-teca.org.br, acessado em: 13.08.2007.

59   Trata-se do Decreto 21.240 de 1932, discutido mais adiante, na segunda parte deste livro.

60   Reisz, Karel e Millar, Gavin. *A Técnica da Montagem Cinematográfica. op. cit.*, p. 188.

RODRIGO ARCHANGELO

> Quando se apresenta uma conferência internacional de estadistas (...), o público poderá encontrar interesse nos sorrisos dos diplomatas que trocam cumprimentos (...) um cine-jornal (sic) sobre corridas de cavalo (...) pode dedicar tanta metragem à moda feminina quanto à própria corrida, porque a platéia, se tiver algum interesse, já saberá qual o cavalo que venceu, mas talvez não tenha visto os últimos modelos apresentados pelas senhoras.[61]

Sejam os sorrisos e os cumprimentos dos diplomatas ou os modelos da última moda, tais detalhes são significativos porque traduzem uma seleção de "aspectos humanos"[62] que eram, diga-se, o atrativo nas imagens do cinejornal. Ele dava a ver ao espectador a notícia, o que não se tinha em outros meios, antes da televisão. Portanto, é essencial ater-se ao ritualismo ocorrido no cinejornal, espaço cinematograficamente construído, onde ocorreu o desfile de valores representados semanalmente – como no BT – nas salas de exibição. Para tanto, a análise do fragmentado universo do cinejornal deve ter início, necessariamente, nos limites da linguagem cinematográfica, e devida atenção à montagem, enquadramentos e movimentos de câmera, e ao som.

Se na montagem o filme adquire a sua unidade, no cinejornal ela se apresenta basicamente em dois momentos. Primeiro, no encadeamento das imagens – dos planos-sequência por assim dizer – com a atmosfera sonora e com a *voz over* do narrador. Posteriormente, na aproximação de segmentos que compõem a edição de um cinejornal. Neste último caso, a "junção" de segmentos também implica uma associação de temas, criando certa continuidade de sentido entre eles.[63] Na construção da realidade cinematográfica em cinejornais, este elemento é um importante "ordenador" da mensagem contida no universo fragmentado de notícias. Principalmente quando associam segmentos com temas distintos, mas poderosos ao discurso político, tais como política e religião, gênero, assistencialismo, ou até colunismo social. Por outro lado, pode despertar no espectador a atenção para as disparidades existentes na representação do seu próprio "lugar", como a coexistência, na mesma edição, de assuntos como uma partida de polo e a miséria de famílias retirantes.

---

61   *Ibidem*, p. 188-189.

62   *Ibidem*.

63   A partir de considerações sobre cinejornais nazistas lançados entre 1939 e 1940 (que cobrem a campanha da Alemanha na Polônia até o evento da Batalha na Inglaterra), Siegfried Kracauer analisa a associação de dois segmentos: um sobre a realeza inglesa e outro com Hitler visitando jovens soldados. A transição destes conteúdos pela montagem implica na representação de uma "Inglaterra em completa decadência, ao passo que a Alemanha é jovem e viril". *Cf.* Kracauer, Siegfried. *The Conquest of Europe on the Screen. op. cit.*, p. 25. (traduzido do original em inglês).

Evidentemente, outras etapas tiveram seu peso na construção de uma edição, mas à montagem (e ao montador) coube um papel proeminente, sobretudo diante da limitação de tempo que rondava a confecção dos cinejornais.[64] Muitos eventos filmados *in loco*, ainda que ensaiados ou direcionados por uma pauta ou roteiro, dificilmente poderiam ser novamente filmados tal e qual, por se tratarem de ocasiões únicas. E mesmo que "velocidade" não fosse o principal atrativo do cinejornal, "noticiar" implicava levar o quanto antes o material finalizado às sessões. Nesse sentido, é provável que a montagem não fosse contemplada com refinamento técnico e cuidados estéticos ou artísticos.[65] Este fato poderia se agravar numa eventual carência técnica (falta de pessoal, pouca disponibilidade de negativo, precariedade de equipamentos e reduzido pessoal – sobretudo em pequenas produtoras), em que o "toque de caixa" se refletia na do que era levado ao espectador.[66]

Mas a continuidade inerente à representação cinematográfica de eventos separados no tempo e espaço, ordenados por uma montagem que ofereça continuidade lógica,[67] também é tributária das tomadas efetivas de câmera. Nesse sentido, os movimentos de câmera são constitutivos das opções representativas sobre as imagens captadas do real – da primeira realidade, como dito anteriormente. Além das definições de que são "cenas" e "planos-sequências",[68] noções de enquadramentos, ângulos e movimentos de câmera[69] trazem os códigos da linguagem cinematográfica; o que se pretendeu representar do real em perspectiva diferenciada oferecida pelo olhar da câmera cinematográfica, se comparada com a percepção humana.[70]

64　Ou mesmo uma posição "privilegiada", como observa Sanchéz-Biosca. *Cf.* Sanchéz-Biosca, Vicente. *Teoria Del Montaje Cinematográfico*. Valência: Filmoteca Generalitat Valenciana / IVAECM, 1991, p. 21.

65　Reisz, Karel e Millar, Gavin. *A Técnica da Montagem Cinematográfica*, *op. cit.*, p. 198.

66　Talvez um problema não enfrentado pelos cinejornais como o CJB e CJI, que geralmente dispunham de melhores recursos, além de contarem com pautas e roteiros previamente elaborados para a propaganda cinematográfica oficial da agenda política dos governos que os mantinham.

67　Xavier, Ismail. *O Discurso Cinematográfico: a Opacidade e a Transparência*. São Paulo: Paz e Terra, 2005, p. 28.

68　Segundo Ismail Xavier, "cena" é cada uma das partes dotadas de unidade espaço-temporal. Por sua vez, tais unidades constituem a "sequência" ou "sequências", que são "unidades menores dentro do filme, marcadas por sua função dramática e/ou posição na narrativa". Já o "plano" corresponde a cada tomada de cena, ou seja, uma "extensão de filme compreendida entre dois cortes". *Cf. Ibidem*, p. 27. Na análise dos cinejornais no terceiro capítulo, o termo "plano-sequência" será usado para descrever um plano ininterrupto, sem corte, geralmente longo e que compreende toda uma sequência de ação. *Cf.* Reisz, Karel e Millar, Gavin. *A Técnica da Montagem Cinematográfica*, *op. cit.*, p. 418.

69　Neste trabalho, serão descritas perspectivas de câmera como *plano geral*, *plano médio*, *plano americano* (ou *meia figura*), *primeiro plano* (*close-up*), *câmera alta* (*plongée*), *câmera baixa* (*contra plongée*) e os movimentos de *panorâmica*, *travelling* e mesmo *vista aérea*. *Cf.* Xavier, Ismail. *Ibidem*, p. 27, 32.

70　*Cf.* Kracauer, Siegfried. *The Conquest of Europe on the Screen*. *op. cit.*, p. 15.

Câmera baixa (ou contra plongée), uma tomada efetiva pela câmera no sentido de enaltecer a figura do político que fala à multidão. Bandeirante da Tela nº 501, 1952. Acervo Cinemateca Brasileira.

Plano médio geralmente apresenta um conjunto com elementos animados (humanos e animais) e cenários em dada ação, principalmente em interiores. Bandeirante da Tela nº 501, 1952. Acervo Cinemateca Brasileira.

Plano americano corresponde ao ponto de vista em que as figuras humanas são mostradas até os joelhos, aproximadamente. Bandeirante da Tela nº 588, 1954. Acervo Cinemateca Brasileira.

Primeiro plano (ou close-up). A figura humana em detalhes – principalmente o rosto. Assim como a proximidade com objetos numa cena. Bandeirante da Tela nº 501, 1952. Acervo Cinemateca Brasileira.

Panorâmica em plano geral. Movimento no sentido de informar ao espectador a grandiosidade da cena "varrendo", geralmente na horizontal, o espaço representado. Bandeirante da Tela nº 501, 1952. Acervo Cinemateca Brasileira.

Grande plano geral ou vista aérea. Também no sentido de informar o espaço representado, mas numa chave de exaltação e contemplação. Bandeirante da Tela nº 591, 1954. Acervo Cinemateca Brasileira.

UM BANDEIRANTE NAS TELAS

Por mais que esteja ausente uma concepção artística elaborada em um cinejornal,[71] a topografia dos espaços representados e as escolhas de enquadramento indicam a intenção de mostrar ou esconder, exaltar ou diminuir elementos na cena, e o interesse e julgamento sobre "como" e "o que" mostrar aos espectadores. E se algumas cenas transmitem o seu significado rapidamente, outras requerem mais tempo,[72] dada à forma com que foram tomadas pela câmera. E mesmo nos cortes mais abruptos, elas se "encontram" em continuidade, ritmo e sentido de direção pelo trabalho da montagem.[73] Compreendido este alicerce da linguagem cinematográfica, pode-se começar uma busca pelo o que se *conota* e *denota* das imagens e mensagens de um cinejornal,[74] e observar, por exemplo, a expressividade da câmera[75] alterando o espaço mostrado na tela: "varreduras" em *panorâmicas*, ou enquadramentos em *plano médio* denotando a existência de um *plano geral*; ou *panorâmica* em *plano médio* sobre um pequeno grupo de pessoas, *cortando* para um *plano geral* de uma multidão, sugerindo certa continuidade em diferentes espaços registrados, quase abrindo a janela de um universo contiguo, embora separado do nosso mundo pela superfície da tela.[76] Algo que, no limite, convida o espectador a "mergulhar" em representações que dialoguem com os seus filtros culturais, tal a proximidade com atores e a participação efetiva na representação.[77] Como exemplo, pode-se citar a valoração contida numa dada iconografia ou lugar, ou a empatia com certas atitudes representadas na tela por um político que cordialmente cumprimenta, acena para o povo, é abraçado pela massa, carinhosamente afaga uma criança e entrega presentes aos pobres.

Por fim, o exercício de desconstruir as realidades cinematográficas não pode prescindir de dois importantes aspectos da narrativa fílmica, e essenciais aos cinejornais: a narração e a atmosfera sonora. Esta, se bem trabalhada com a imagem, é capaz de afetar os sentidos da representação com maior ou menor intensidade,[78] podendo criar, inclusive, uma atmosfera inexistente no ato do registro; ou então reforçá-la, adicionan-

---

71 Muito embora Siegfried Kracauer mostre o oposto a respeito dos cinejornais nazistas. *Ibidem.*

72 Reisz, Karel e Millar, Gavin. *A Técnica da Montagem Cinematográfica, op. cit.*, p. 223.

73 *Ibidem*, p. 250.

74 Aldgate, Anthony. *Cinema and History – British Newsreels and the Spanish Civil War*. Lodon: Solar Press, 1979, p. 12.

75 A própria movimentação, angulação e a multiplicidade de pontos de vista para focalizar o acontecimento. *Cf.* Xavier, Ismail, *O Discurso Cinematográfico, op. cit.*, p. 21.

76 A "noção de janela (ou às vezes de espelho)", *ibidem*, p. 22.

77 *Ibidem*, p. 23.

78 *Cf.* Kracauer. Siegfried. *De Caligari a Hitler – Uma História Psicológica do Cinema Alemão*. Rio de Janeiro: Jorge Zahar Editor, 1988, p. 324.

do artificialmente um som ambiente para determinados fins, como, por exemplo, aplausos ou ovações.[79] Pode-se, até mesmo, subverter a narrativa com a adição de uma música alegre para um tema não tão festivo.[80] Contudo, é na narração que se encontra o valioso aporte ao discurso exibido nos cinejornais. Mais do que apresentar segmentos, localidades e personalidades, o comentário do narrador não só produz imagem como pode "acrescentar e alargar (...) e não só explicá-la".[81] Dessa forma, a *elipse* é um dos recursos mais utilizados e que melhor ilustra a convergência entre a montagem e o comentário verbal: dado o pouco tempo de que dispõe uma notícia no cinejornal, a narração contribui à continuidade visual do cinejornal, pois enquanto se ouve a *voz over*, cria-se a "impressão de que muita coisa rápida está acontecendo na tela".[82] Nesse sentido, o anúncio de uma ação pelo narrador, por exemplo, é imediatamente seguido por seu resultado que também é comentado verbalmente, supondo-se, assim, que certo desenvolvimento ocorreu entre as duas unidades.[83] Neste contraponto entre a imagem e a declaração verbal, a tendência é aumentar o peso da imagem, pois se valoriza o resultado de uma ação "explicada" ao espectador pelo narrador.[84] Ou seja, a narração é mais que uma mera descrição de cena: ela acrescenta informações de *background*, cadenciando o sentido das imagens.[85] Por outro lado, o contrário pode ocorrer, quando a narração revela uma intenção que não se confirma na imagem, ou um *lapso* que não se quer transmitir ao público – como nas edições do BT analisadas mais adiante.

Ao promover um estudo histórico sobre representações no âmbito político e cultural, a partir da investigação de um cinejornal, a pesquisa deve enveredar pelas "intenções informacionais ou de propaganda" e "técnicas de uma organização ou governo" que cercaram a confecção da película.[86] E no caso do BT, deve ter em conta o próprio político Adhemar de Barros e o seu partido PSP. Vale lembrar, que enquanto trabalho coletivo, o filme é *business*,[87] e, portanto, comporta mediações e interesses que permearam a sua produção, e que foram privilegiados na circulação e exibição do produto final; daí a neces-

---

79 Reisz, Karel e Millar, Gavin. *A Técnica da Montagem Cinematográfica, op. cit.*, p. 191.

80 E até "(...) transformar um tanque [de guerra] num brinquedo". *Ibidem*, p. 323.

81 Wainberg, Jacques A. "A voz de Deus...", *op. cit.*, p. 159.

82 Reisz, Karel e Millar, Gavin. *A Técnica da Montagem Cinematográfica, op. cit.*, p. 191.

83 Kracauer. Siegfried. *De Caligari a Hitler – Uma História Psicológica do Cinema Alemão, op. cit*, p. 322.

84 *Ibidem*, p. 323.

85 Jacques A. Wainberg, *op. cit.*, p. 163.

86 Fielding, Raymond *apud* Wainberg, Jacques A. "A voz de Deus...", *op. cit.*, p. 161.

87 *Cf.* Aldgate, Anthony. *Cinema and History – British Newsreels and the Spanish Civil War. op. cit.*, p. 14.

sidade, por exemplo, em recorrer a outras fontes para melhor aferir tanto o seu conteúdo quanto o meio em que transitou.[88] Nesse sentido, à compreensão da visualidade no BT foi necessário expandir o *corpus documental* na tentativa de conectar o seu conteúdo imagético ao trânsito das práticas culturais ao seu redor. O que significou compartilhar do exemplo de quem enfrentou semelhante tarefa, e prosseguir com uma pesquisa para além das fronteiras da própria película.[89] Porém, não antes de visionar, por repetidas vezes, o que estava disponível.[90] Feito isso, foram criadas normas tanto para as análises escritas, como para a identificação e a transposição das imagens escolhidas contendo as considerações mais significativas.[91] Escolhas em que foram mantidos, sobretudo, a honestidade e o respeito com a fonte audiovisual e com a História, não se esquecendo de oferecer a devida localização em arquivo dos materiais consultados.[92]

Fotograma digitalizado pela CB. Notam-se as perfurações na película bem como a sua "banda de som" que segue posicionada à esquerda. mas que foram eliminadas para a reprodução das imagens no corpo do texto. Bandeirante da Tela nº 674, 1955. Acervo Cinemateca Brasileira.

---

88   *Ibidem*, p. 15.

89   Trata-se, aqui, do mesmo entendimento de Vicente Sánchez-Biosca quanto à "posição fronteiriça" do cinejornal franquista NO-DO com outras fontes documentais. *Cf.* Tranche, Rafael R. e Sánchez-Biosca, Vicente. *NO-DO: El Tiempo y La Memoria*. Madrid: Cátedra/Filmoteca Española, 2001, p. 247.

90   Tal como Sánchez-Biosca, que "enfrentou o tédio" para assistir "incansavelmente" aos cinejornais franquistas. *Ibidem*, p. 277.

91   Na análise dos cinejornais, as imagens foram fixadas no texto, com legendas que complementam as conclusões. Todas as imagens foram reproduzidas rigorosamente no sentido original do seu plano-sequência, correspondente, também, à fala do narrador. Quanto às reproduções, existem três tipos: o fotograma digitalizado a partir da própria película em 16 ou 35mm; imagens captadas de DVD; e reprodução de catálogos organizados pela própria CB. Nas legendas, todas as falas do narrador estarão entre aspas.

92   Tranche, Rafael R. e Sánchez-Biosca, Vicente. *NO-DO: El Tiempo y La Memoria*, op. cit., p. 244.

Imagem captada de DVD. Com definição inferior ao fotograma digitalizado, tais imagens apresentam legendas do número ao qual pertencem (abaixo à direita) e a logomarca da CB (acima à direita). Bandeirante da Tela nº 577, 1954. Acervo Cinemateca Brasileira.

O trabalho teve início a partir dos números disponíveis do BT que traziam à tela o próprio Adhemar de Barros, bem como as principais figuras públicas a ele ligadas: sua esposa, dona Leonor Mendes de Barros (dona Leonor) e os correligionários do PSP, dentre os quais o nome mais importante no período, e seu sucessor no governo do Estado de São Paulo, Lucas Nogueira Garcez. Mas durante a pesquisa em outros suportes – em paralelo à sistematização do BT – foi possível lapidar, pouco a pouco, as ligações entre a política e o meio cinematográfico. Por exemplo, o próprio balanço contábil da companhia produtora do BT, a DCB, publicado em periódico de grande circulação, confirmou a hipótese de se tratar de uma empresa da família de Adhemar de Barros.[93] No cálculo da estratégia política adhemarista, a DCB e seu cinejornal semanal foram moeda de troca importante, pois mantinham uma visibilidade perene de Adhemar de Barros (e de suas ligações políticas) nas salas de cinema. Livros, depoimentos e recortes de jornal forneceram informações que vão da apropriação das instalações do antigo Departamento Estadual de Imprensa e Propaganda de São Paulo (DEIP)[94] – criado em 1941 durante a Interventoria do próprio Adhemar de Barros; passando pelas acusações de um patrimônio ilícito em sua segunda passagem pelo Governo Estadual paulista;[95] até críticas

---

93 Publicado em 1962, contém a assinatura de Adhemar de Barros Filho, na qualidade de "diretor-presidente". "Divulgação Cinematográfica Bandeirante S. A. – relatório da diretoria". *Diário Oficial de São Paulo*, 23 de fevereiro de 1962. Hemeroteca - Cinemateca Brasileira, pasta 997, doc. 73.

94 Montador de filmes em São Paulo nos anos de 1950 e 1960, e atualmente professor aposentado no Curso de Cinema da Fundação Armando Álvares Penteado (FAAP), Máximo Barro, em entrevista, relatou sua experiência como espectador e profissional do meio cinematográfico paulistano. Destas lembranças, comenta que Adhemar de Barros utilizou as instalações do antigo DEIP para montar, no mesmo espaço, a DCB. Barro, Máximo, entrevista concedida ao autor. Biblioteca Faculdade de Comunicação da FAAP. São Paulo, 19 de maio de 2005. Fita cassete (45min).

95 Há uma curiosa lista de bens "reunidos" durante a sua segunda passagem pelo governo paulista, onde consta a DCB: "empresa cinematográfica que produz jornais e películas de curta metragem (...) possui equipamentos

diretas ao indevido uso do espetáculo cinematográfico para fins claramente políticos e eleito-reiros.[96] Tais questões levaram à inevitável necessidade do visionamento de todos os números disponíveis à consulta.

A partir de então, a pesquisa foi direcionada sobre outros suportes de propaganda política adhemarista, no sentido de ampliar a compreensão das representações presentes na visualidade do ritualismo mostrado no BT. Ou seja, de que maneira a propaganda contida noutros meios de divulgação dialogou com cinejornal exibido para espectadores nas salas de cinema – potenciais eleitores, inclusive. E, além disso, como a própria linguagem do cine-jornal, eventualmente, tensionou as representações contidas nas apostas adhemaristas para se aproximar do eleitorado. Nesse sentido, nota-se que trabalhos sobre Adhemar de Barros elencam certas apostas à criação da imagem do político *realizador, progressista e assistencialis-ta*. Como no período da interventoria em que,

> (...) Adhemar de Barros queria associar sua imagem à de um *administrador di-nâmico e realizador de grandes obras*. Daí a ampla divulgação de empreendimen-tos como Hospital das Clínicas, as vias Anchieta e Anhanguera e a eletrificação da estrada de ferro Sorocabana.[97]

E também as linhas-mestra da propaganda do próprio PSP, em que teve início

> (...) o mito Adhemar de Barros: de um lado a imagem do *administrador ousado e dinâmico* e, de outro, a imagem, com ele identificada personalisticamente, do Estado como responsável direto pelo *amparo aos mais humildes* e sem acesso às estruturas formais do poder. Reforçando esta imagem, surgia a figura de Dna. Leonor como 'símbolo da bondade da mulher brasileira', encabeçando *iniciativas de assistência social* amplamente divulgadas.[98]

Posto isto, tais temas presentes no discurso político de Adhemar de Barros, também encenados no BT, permearam um vasto arsenal de propaganda mobilizado para veicular uma mitologia política desdobrada em diferentes estereótipos: o político realizador e dinâ-

---

moderníssimos (...) do extinto DEIP", adquiridos de forma ilícita pelo "grupo Ademar". *Cf.* Alves Filho, Fran-cisco Rodrigues. *Um Homem Ameaça o Brasil, op. cit.*, p. 140.

96   Como o clamor por um "(...) jornal mais variado, com noticiário de diversos esportes e informações do que vai pelo mundo. Evidentemente não é o da Cinematográfica São Luiz, Campos Filme, *Bandeirante da Tela* e outras 'maravilhas'". *Cf.* "Os jornais cinematográficos não acompanharam a evolução do cinema". *A Rua*, São Paulo, 05 de outubro de 1955. Hemeroteca - Cinemateca Brasileira, pasta 78, doc. 6. Grifo nosso.

97   Hayashi, Marli Guimarães. *A Gênese do Adhemarismo, op. cit.*, p. 4-5. Grifo nosso.

98   Sampaio, Regina. *Adhemar de Barros e o PSP, op. cit.* p. 45-6. Grifo nosso.

mico; o assistencialista, enquanto desdobramento das ações de dona Leonor; o médico pre-ocupado com a saúde da população; o homem público próximo às massas; e o representante natural do estado paulista: o "bandeirante moderno". Enfim, um arsenal de representações destiladas em vários documentos, tais como "marchinhas" de propaganda política, panfletos, esquetes de rádio (e até televisão) e cédulas partidárias. Nas campanhas presidenciais de 1955, por exemplo, Adhemar de Barros assim se dirigiu aos ouvintes, no seu programa ra-diofônico *Palestras ao Pé do Fogo*:

> Caro Patrício,
>
> (...) quem lhe escreve é um homem que costuma levar avante os seus empreen-dimentos e concretizar suas promessas.
>
> Você conhece, meu caro patrício, o *Hospital das Clínicas*, por mim cons-truído na capital paulista? Reflita que muitos desses hospitais podem ser construídos nos nossos Estados irmãos, como sentinelas avançadas zelando pela saúde do povo.
>
> Você já viajou pela *Via Anchieta*, por nós construída, estrada de concreto, com-parável às melhores da Europa e dos Estados Unidos? Rodovia que prorroga-mos, depois, para o interior do Estado e do Brasil, com a *Via Anhanguera*, que já tem perto de cem quilômetros de via calçada? (...) quantas Vias Anchieta e Anhanguera poderão ser construídas por todo este imenso Brasil? *Quantas estradas poderão ser rasgadas?* Pergunto: o que se fez em São Paulo não pode ser feito para todo o nosso país mudando-lhe radicalmente a fisionomia, dando-lhe um novo destino?[99]

Um homem que realiza e "que costuma levar avante os seus empreendimentos", que constrói hospitais e rasga estradas, enfim, um "bandeirante de uma nova geração".[100] Hinos, marchas e até um baião[101] de Adhemar de Barros eram cantados, exaltando tais feitos e, inclusive, satirizando as acusações de que era alvo, ao enunciar alguns "crimes do grande líder Adhemar":

---

99 Texto para locução do programa *Palestra ao Pé do Fogo*. São Paulo, 1955. Caixa 634, pasta 02, doc. 014 – Fun-do Adhemar de Barros/APESP. Grifo nosso.

100 Livreto de músicas "Adhemar de Barros – Bandeirante de uma nova geração", por Jaconias Cristosomo da Silva. São Paulo, s/d. Caixa 631, pasta 02, doc. 016. Fundo Adhemar de Barros/APESP.

101 Livreto de músicas "Parada Musical" pelo Depto. Musical do Comitê Nacional do Partido Social Progressista. Rio de Janeiro, s/d, Caixa 631, pasta 02, doc. 6. Fundo Adhemar de Barros/APESP.

UM BANDEIRANTE NAS TELAS

Este Bandeirante moderno / Simples e de bom coração! / Não sabe guardar rancor / A todos estende a mão!!! [...] Esquece toda calúnia / Dele mesmo, ele esquece! / Só não esquece a angústia / Deste povo que padece!!!

"Crimes" como ser esposo da elogiada e respeitável dona Leonor:

(...) Os grandes homens do mundo / Tem grandes companheiras! / Que na hora da borrasca / Também sabem ser timoneiras!!! / Entre as damas adoradas / Da história brasileira! / Leonor Mendes de Barros / Nossa grande pioneira!!!

Ser um digno representante da pátria paulista:

(...) São Paulo, locomotiva / Deste país, céu cor de anil! / Seu filho Adhemar de Barros / Fará um grande Brasil.

Ou mesmo por ser o homem que "põe o paletó de lado" e realiza, provando tal atitude com seus feitos:

(...) Pôs de lado o paletó / Como só faz o Adhemar / Vendo que já podia / Seu trabalho começar / Vou falar pouca coisa / Do muito que ele fez! / Se não terei que falar / Por muito mais que um mês / O Hospital das Clínicas / Um dos maiores do mundo! / Adhemar, idealizou / E fez tudo num segundo!!! / A Rodovia Anchieta / O que há de perfeição! / Vá até lá, veja só!! / Causa admiração!!! / E Campos de Jordão / A Suíça Brasileira! / Adhemar idealizou! / E fez tudo de primeira!!![102]

Casado com uma mulher exemplar, idealizador e realizador de um dos maiores hospitais do mundo, construtor de estradas que beiram à perfeição... Temas, "lugares comuns" no discurso adhemarista que, soando harmonicamente em marchinhas e em panfletos, podem ter angariado votos. Porém, até aonde um "novo destino" baseado nas realizações feitas em São Paulo[103] poderia ser atrativo na encenação de um discurso político que se orgulhava de dar esmolas[104] e, ao mesmo tempo, ter construído a "Suíça brasileira"? O cinejornal BT

---

102   Livreto de músicas "Patrícios e patrícias, para vocês eu vou contar! Alguns dos crimes, do grande 'líder Adhemar'!!!". São Paulo, s/d. Caixa 631, pasta 02, doc. 006. Fundo Adhemar de Barros/APESP. Grifo nosso.

103   Texto para locução do programa *Palestra ao Pé do Fogo*. São Paulo, *op. cit.*

104   Como nas passagens desta marchinha adhemarista infantil: "Quem é que deu aos pobres tanta esmola? Adhemar! Então se foi Adhemar... é em Adhemar de Barros que vamos votar!". *Cf.* Livreto de marchas "Adhemar – Marcha", Clube infantil Adhemar de Barros. São Paulo, S/d. Caixa 631, pasta 02, doc. 006. Fundo Adhemar de Barros/APESP.

traduziu em *planos*, tomadas efetivas, textos de locução e outros elementos da linguagem cinematográfica as disparidades da encenação política de Adhemar de Barros. É, portanto, outra dimensão das tensões contidas no ritualismo adhemarista que o cinejornal dá a ver.

ANTES DO FILME... POLÍTICA

A respeito dos anos de 1930, chama a atenção o depoimento de um destacado produtor de cinejornais em São Paulo, sobretudo quanto aos princípios que pautaram a sua relação com o campo político e com os próprios políticos:

> Sai um governo eu estou lá, vendo o que posso fazer com o outro. (...) Com Adhemar de Barros, eu fazia quase um jornal por dia. (...) Político que não acredita em cine-jornal (sic) está destruído (...), pois nós vivemos num país onde as pessoas quase não lêem jornal, nem tem acesso a outros meios de comunicação. Por isso, seja em política seja em publicidade comercial, o cine-jornal (sic) é muito importante.[105]

À parte a discutível opinião sobre a importância da veiculação cinematográfica frente à imprensa escrita e o rádio naquele período,[106] Adhemar de Barros é lembrado como um grande usuário de cinejornais, a ponto de fazer "quase um jornal por dia".[107] Trata-se, aqui, de uma entre várias evidências da aproximação do político paulista junto ao campo cinematográfico. A propósito, foi no final do seu primeiro governo, a Interventoria ocorrida entre 26 de abril de 1938 e 04 de junho de 1941, que se deu a criação do DEIP,

---

105 Carbonari, Primo. "Câmara do Poder". *Jornal da Tela, Folha de São Paulo*, 29 agosto 1977. pasta 316, doc. 4. Hemeroteca da Cinemateca Brasileira.

106 Jean-Claude Bernardet sustenta que, anos 1930 e 1940, o "(...) o veículo principal era o rádio, o qual não cedeu seu papel para o cinema, mas para a televisão"; e mantém que o "(...) o cinema brasileiro nunca teve um papel preponderante na construção de uma hegemonia ideológica", muito embora o autor não aprofunde o que significa, para ele, "hegemonia ideológica". *Cf. Cinema Brasileiro..., op. cit.*, p. 64. Nessa mesma busca por uma "hegemonia ideológica", não faltaram projetos por parte do Estado Novo, muito embora o cinema também tenha sido preterido em relação à imprensa escrita e o rádio. *Cf.* Souza, José Inácio de Melo. *O Estado Contra os Meios de Comunicação (1889 – 1945)*. São Paulo: Annablumme: Fapesp, 2003. Contudo, em países como os Estados Unidos, grande parte da população preferiu cinemas onde os cinejornais eram mostrados, apesar da enorme onda crítica contra sua superficialidade; talvez um indicativo da capacidade de despertar uma resposta emocional maior que a palavra impressa, sobretudo em contextos bélicos. *Cf.* Weinberg, Jacques A. "A voz de Deus...", *op. cit.*, p. 155, 157.

107 Provavelmente, a relação entre o realizador Primo Carbonari e Adhemar de Barros tenha se intensificado após o término do BT, quando o político paulista já não possuía seu próprio cinejornal feito pela DCB.

órgão estadual concebido à imagem e semelhança do DIP, com claro intuito de estender a São Paulo as ideias do Estado Novo.[108] São destes anos, enquanto interventor, as primeiras aparições de Adhemar de Barros nos cinemas, cujo suporte fílmico ainda existe: os filmes *Primeiro Aniversário do Estado Novo – São Paulo*[109] e *Getúlio Vargas e Adhemar de Barros – Visita a Goodyear.*[110] Há, também, inúmeros registros fílmicos do mesmo período,[111] alguns produzidos por mecanismos institucionais,[112] além dos cinejornais CJB[113] e o DEIP jornal.[114] Filmes que ilustram a atenção que o "jovem" político dispensou à publicidade de

---

108 Cumprindo os dispositivos legais do Decreto nº 11.849 de 13 de fevereiro de 1941, o DEIP imediatamente passou a controlar os seguintes serviços já existentes na administração estatal: a Diretoria da Propaganda e Publicidade (organizado pelo próprio Adhemar de Barros); o Serviço de Censura e Fiscalização de Teatros e Divertimentos Públicos; o Registro de Jornais, Revistas e Empresas de Publicidade; o Serviço de Turismo. *Cf.* Goulart, Silvana. *Sob a Verdade Oficial – Ideologia, Propaganda e Censura no Estado Novo.* São Paulo: Marco Zero, 1990, p. 77-8.

109 *Primeiro aniversário do Estado Novo.* São Paulo: Garnier Film, 1938. Fita de vídeo (6min32seg), VHS, mudo, p&b. VV00097. Cinemateca Brasileira.

110 *Getúlio Vargas e Adhemar de Barros – visita a Goodyear.* São Paulo: Rossi - Rex Film, 1938-1941. Fita de vídeo (6min14seg), VHS, mudo, p&b. VV01581N. Cinemateca Brasileira.

111 Existe, ainda, um terceiro registro composto por um trecho de aproximadamente três minutos, onde Adhemar de Barros recebe a atenção das câmeras numa solenidade, com a leitura de um discurso pelo mesmo. Apesar de não haver título específico nem som, há a hipótese de se tratar da solenidade de posse da sua Interventoria. [Adhemar de Barros]. São Paulo: 193?. Fita de vídeo (3min), VHS, mudo, p&b. VV 01560N. Cinemateca Brasileira. Existem, ainda, curtas-metragens cujos materiais fílmicos se perderam: *A Posse do Novo Interventor Paulista* (1938); *A Posse do Novo Interventor em São Paulo* (1938); *O Dr. Ademar de Barros em São Miguel* (1938); *Recepção ao Dr. Adhemar de Barros* (1938); *Obras do Hospital de Clínicas de São Paulo* (1938); *O Interventor em Batatais (São Paulo)* (1939); *Homenagem ao Interventor Federal em São Paulo das Cidades Araraquara e Mirassol* (1939); *Homenagem ao Interventor Ademar de Barros em Santos* (1939); *Primeiro Aniversário do Governo do Dr. Adhemar de Barros* (1939); *Segundo Aniversário do Governo Ademar de Barros* (1940); *A Visita do Interventor Adhemar de Barros ao Litoral Norte de São Paulo* (1941). *Cf.* Cinemateca Brasileira. *Filmografia Brasileira, op. cit.,* acessado em 13.08.2007.

112 *Dois Anos de Governo.* São Paulo: Diretoria de Propaganda e Publicidade (1940); e *Três Anos de Governo.* São Paulo: Departamento Estadual de Imprensa e Propaganda (1941). *Ibidem.*

113 Em que Adhemar de Barros, ao lado de Getúlio Vargas, figurou em algumas edições. A exemplo do "Lançamento da Pedra Fundamental do Hospital para Tuberculosos" e "A Primeira Estaca da Ponte das Bandeiras", *Cine Jornal Brasileiro nº 55,* 1939; e "Pacaembu – São Paulo: os trabalhos de construção de um grande estádio", *Cine Jornal Brasileiro nº 83,* 1940. Cf. Cinemateca Brasileira. Cine Jornal Brasileiro: Departamento de Imprensa e Propaganda, 1938-1946., *op. cit.,* p. 9, 98-9.

114 A respeito deste cinejornal sabe-se, até o momento, que dos 121 títulos informados na base de dados da CB todos dizem respeito a um período posterior da interventoria adhemarista. Além da inexistência do material para pesquisa. Cf. <http://www.cinemateca.com.br/>. Acesso: 16 de ago. 2007. Também sobre o DEIP Jornal, cf. Fernão Ramos e Luiz Felipe Miranda, *op. cit.,* p. 134.

seu governo, e de sua imagem, nos cinemas. Com este histórico de realizações cinematográficas, e tendo o próprio Adhemar de Barros conhecido os meandros da propaganda governamental do DEIP, pode-se compreender o recorrente "afeto" adhemarista junto à propaganda. E a necessidade de criar o seu próprio cinejornal no período democrático seguinte, produzindo o BT entre 1947 e 1956.

Adhemar de Barros apresenta ao presidente Getúlio Vargas as instalações da Goodyear em São Paulo. Getúlio Vargas e Adhemar de Barros – Visita a Goodyear, 1938. Acervo Cinemateca Brasileira.

Na mesma ocasião, Adhemar de Barros e o presidente Getúlio Vargas em carro aberto. Getúlio Vargas e Adhemar de Barros – Visita a Goodyear 1938. Acervo Cinemateca Brasileira.

Adhemar de Barros e Getúlio Vargas. O Interventor e o presidente posam para as câmeras do CJB, na ocasião da "Primeira Estaca da Ponte das Bandeiras" em São Paulo. Cine Jornal Brasileiro nº 55, 1939. Acervo Cinemateca Brasileira.

Momentos antes, o interventor do estado paulista recepciona o presidente da República no então "Campo de Congonhas", na cidade de São Paulo. Cine Jornal Brasileiro nº 55, 1939. Acervo Cinemateca Brasileira.

Após a Interventoria, Adhemar de Barros conduziu sua carreira política pautando-se pela montagem e manutenção de sua própria máquina partidária, o PSP, assim como o constante investimento em propaganda, buscando exemplos em contextos distantes, como foi o caso das suas conversas radiofônicas *Palestra ao Pé do Fogo*,[115] evidentemente inspiradas na *Conversa ao Pé da Lareira* do presidente norte-americano Franklin Roosevelt.[116] Aliás, consta numa delas a definição por Adhemar de Barros, no penúltimo ano do mandato como governador, sobre o que significava ser "populista":

> (...) ser *populista*, para nós, é dar à função social do estado uma amplitude que não teve até agora. É governar dando oportunidade a todos e procurando elevar cada um de acordo com suas possibilidades, porém, amparando cada um de acordo com suas necessidades.[117]

Para quem se julgava "populista" por entender a população de acordo com as "possibilidades" de cada cidadão, o BT traz subsídios para se pensar um discurso político, pelo cinema, imbricando essa proposta populista aos interesses políticos e privados, e mexendo com os ânimos do meio cinematográfico. Nesse sentido Adhemar de Barros assumiu, de fato, o exemplo de Getúlio Vargas quanto à necessidade de uma forte propaganda,[118] inclusive pela proximidade no formato do BT com o CJI e o CJI; em que tanto as notícias da Agência Nacional como o próprio presidente da República estiveram presentes nas telas do cinejornal adhemarista. Contudo, por mais que o PSP mantivesse alianças com demais partidos,[119] ele não pode ser comparado à força varguista, pois um suposto projeto nacional nunca se concretizou de fato. Quando muito a promessa de um futuro no âmbito regional, dado os reveses sofridos tanto pelo político como pelo partido, durante a década de 1950.

---

115 Que eram transmitidas diariamente para todo o estado paulista, segundo Mário Beni, correligionário e amigo de Adhemar de Barros. Embora saudosista, seu depoimento dá a ideia do que tenham sido tais transmissões: "(...) não havia televisão, havia apenas transmissões pelo rádio. Todas as noites, às sete horas, ele tinha uma palestra com o povo de São Paulo, uma conversação íntima, todas as noites, inclusive sábado e domingo. Chamava 'Palestra ao Pé do Fogo' (...) Isto fez a época, ele tinha aquela conversa de caboclo franco (...) *falava a linguagem deles... falava errado até.* (...) nunca houve isto, *foi daí que surgiu o termo populismo, quer dizer, nós descermos à linguagem do povo para que ele entendesse* (...) por isso criou esse carisma". Beni, Mario apud Sampaio, Regina. *Adhemar de Barros e o PSP, op. cit.,* p. 45. Grifo nosso. Essa versão de Mário Beni também é contada numa chave "pitoresca" sobre a trajetória de Adhemar, em Laranjeira, Carlos. *Histórias de Adhemar, op. cit.,* p. 27.

116 Jacques A. Weinberg, *op. cit.,* p. 153.

117 Palestra radiofônica transcrita do jornal *O Dia,* de 13 de maio de 1949, *apud* Sampaio, Regina. *Adhemar de Barros e o PSP, op. cit.,* p. 68.

118 Neste trabalho, a referência às formas de propaganda varguista serão mencionadas pontualmente, apenas para balizar as análises do BT.

119 Lembrando que uma aparente "contradição" verificada nas apostas e nos discursos políticos pode refletir as incoerências ou ambiguidades "postas pelo real". Cf. Fonseca, Pedro César Dutra. *Vargas: O Capitalismo em Construção.* São Paulo: Brasiliense, 1999, p. 325.

Contudo, é impossível esgotar o "fenômeno" do adhemarismo pela análise exclusiva do cinejornal que lhe serviu,[120] apesar disso, é possível trazer dados reveladores de uma cultura audiovisual e política que, pelo cinema, dialogou com o espectador, seja correspondendo, seja causando tensão com as aspirações do momento. Por outras palavras, trata-se de uma oportunidade para observar, numa chave pouco comum, como política e cinema estiveram efetivamente ligados, participando ativamente da recém democracia brasileira do pós-46. De início, tais incursões investigativas esclarecem, por exemplo, o fato de que em 1962, após exercer a Prefeitura da capital paulista e estar há doze anos afastado do Palácio dos Campos Elísios,[121] Adhemar Pereira de Barros ser homenageado em seu retorno ao executivo do Estado por cerca de quarenta empresas paulistas do ramo de cinema. Talvez uma manifestação de "boas vindas" publicada em um jornal de considerável circulação[122] teria sido apenas deferência àquele com quem certa categoria de profissionais trataria suas questões nos próximos anos. Por outro lado, e considerando a trajetória política de Adhemar de Barros, trata-se de uma reaproximação, a retomada de algo anterior, entre este político e o meio cinematográfico.

Getúlio Vargas em solenidade registrada exibida em um segmento do BT. Bandeirante da Tela nº 501, 1952. Acervo Cinemateca Brasileira.

---

120 O que prescindiria um trabalho de muito mais fôlego, com uma prospecção mais detalhada e realizada por uma equipe de profissionais num tempo bem maior. Como o trabalho realizado pela CB que resultou no catálogo publicado em 1991 (Cinemateca Brasileira. *Bandeirante da Tela.*, op. cit.) e que está na base das nossas incidências temáticas e ocorrências para determinados eventos, visto nossa sistematização estar por demais reduzida pelo fato de ter sido feita sobre apenas cinquenta e cinco números do BT.

121 No período entre 08.04.1957 e 07.04.1961 Adhemar de Barros foi prefeito de São Paulo. Até então, a sua última gestão como governador do Estado havia sido entre 14.03.1947 e 31.01.1951.

122 "Nossas homenagens ao governador eleito". *Diário de São Paulo*, 24.11.1962, p. 5. Hemeroteca - Cinemateca Brasileira, pasta 106, doc. 1.

EM CENA, A POLÍTICA QUE ENCENA

CINEJORNAL E CINEMATOGRAFIA NACIONAL

Por não se tratar de um filme de ficção ou tampouco um longa-metragem, um "lugar" para o cinejornal na historiografia do cinema brasileiro se avizinha ao que já foi escrito sobre os complementos nacionais nas sessões de cinema – espaço também ocupado, por exemplo, por curtas-metragens institucionais, educativos, comerciais, trailers e animações. Nesse sentido, pode-se dizer que o ponto de partida para o estudo desta categoria de filme recai sobre algumas análises realizadas na década de 1970, como a do crítico Paulo Emílio Salles Gomes, que externou sua preocupação com a carência de discussões sobre os filmes documentais, existentes desde os primórdios do cinema brasileiro.[1] Na proposta de tomá-los enquanto matéria-prima para eventuais interpretações da nossa sociedade, Paulo Emílio verifica que duas categorias de discursos sobressaem-se: primeiramente, o culto das belezas naturais de várias regiões do Brasil, principalmente a então capital federal, Rio de Janeiro, numa espécie de elogio ao "berço esplêndido"; e, em segundo lugar, outro tipo de elogio envolvendo autoridades e grandes personalidades (notadamente o presidente da República), e que posteriormente se estendeu às datas comemorativas, configurando uma espécie de "ritual do poder". Num recorte bibliográfico sobre curtas e complementos nacionais, tais considerações trazem contribuições pioneiras à história do cinema no Brasil.

Tal "descaso" para com o complemento nacional também foi discutido por outros autores. Jean-Claude Bernardet,[2] ao propor algumas linhas de pesquisa para uma história

---

1   Cf. Gomes, Paulo Emílio Salles. "A Expressão Social dos Filmes Documentais…", *op. cit.*, p. 323-328.

2   Cf. Jean-Claude Bernardet, *Cinema Brasileiro…*, *op. cit.*

RODRIGO ARCHANGELO

do cinema nacional, atenta para as práticas que circundaram a produção de filmes em determinados períodos. Entre elas, uma forma particular e muito comum de angariar recursos com
a produção de documentários e cinejornais voltados aos interesses de quem os patrocinava: a
cavação, um modelo de produção que permeou o meio cinematográfico das primeiras décadas
do século passado.[3] Nesse sentido, o autor conclui que a ausência de estudos mais calcados na
realidade concreta do cinema no Brasil é tributária do desprezo às cavações no meio cinematográfico. O que também se verifica nos livros de história do cinema brasileiro: mais preocupados
em contar a história do filme de ficção.[4] Ao refutar certo tipo de história do cinema, Bernardet
coloca em xeque toda uma historiografia cuja tendência foi aplicar, sem crítica, um modelo de
história elaborado para os países industrializados, cuja produção cinematográfica foi efetivamente sustentada pelo cinema de ficção.[5] Dentre as suas principais preocupações, a urgência
em se pensar uma história fora da periodização por ciclos, e distante dos marcos estabelecidos
pela realização dos cineastas. E que se relacione com as etapas do processo de produção do nosso cinema (a difusão, a exibição, o relacionamento com o Estado e a participação do público).[6]

Contudo, e para além da crítica epistemológica, é com a contribuição da pesquisa de
Maria Rita Galvão que a discussão avança para uma "visão de dentro" da história do campo cinematográfico nas primeiras décadas do século passado, tendo como objeto de estudo
o cenário paulistano.[7] Baseando-se em depoimentos de antigos profissionais de cinema, a
autora contribui, inclusive, metodologicamente: de forma pioneira, utiliza fontes orais para
delimitar tanto o objeto quanto o alcance de suas análises sobre a história do cinema. Assim,
verifica que:

> O cinema que se tem é de uma mediocridade atroz – medíocre nos meios, na
> forma, no conteúdo, na repercussão (ou na ausência dela). No entanto, o que é
> extraordinário, este cinema existiu. Importa pouco o mérito da questão, e entrar
> em considerações estéticas não teria o menor sentido. Parece-me que a única

---

3   Segundo o próprio autor, Primo Carbonari, o *Canal 100*, e os documentários de Jean Manzon "são simples
    prolongamento dessa fase", seguidos nas décadas de 1940, 50 e 60. *Ibidem*, p. 26.

4   "Com exceção de Maria Rita Galvão (...) e Paulo Emílio (...), os historiadores não reconhecem que o que
    sustentou a produção local não foi o filme de ficção". *Ibidem*, p. 28.

5   Uma crítica retomada em outros trabalhos, como em Bernardet, Jean-Claude. *Historiografia Clássica do Cine-
    ma Brasileiro*. São Paulo: Annablume: Fapesp, 1995.

6   *Ibidem*.

7   *Cf.* Galvão, Maria Rita Eliezer. *Crônica do Cinema Paulistano*. São Paulo: Ática, 1975.

coisa que tem sentido é constatar esta existência, e *tentar compreender as circuns-tancias* em que ela se tornou possível.[8]

Ao promover este conhecimento histórico novo, o trabalho de Galvão trouxe resulta-dos valiosos, descerrando um meio cinematográfico paulista a partir dos caminhos seguidos por pioneiros como Francisco Serrador (espanhol e cinegrafista ambulante, dono da pri-meira sala de exibição fixa em São Paulo); Gilberto Rossi (italiano e o primeiro cinegrafista profissional surgido em São Paulo – conforme a própria autora) e José Medina (brasileiro descendente de espanhóis e fundador, juntamente com Gilberto Rossi, da *Rossi Film*). A autora também discorre sobre as primeiras projeções e exibições em São Paulo – esporádicas e sempre acompanhadas de outro tipo de diversões;[9] e discorre sobre as primeiras investidas de filmes de enredo, esclarecendo pontos sobre o desenvolvimento do mercado cinemato-gráfico, bem como a relação do público com o espetáculo: precário nos primeiros tempos, mas, aos poucos, conquistando o conjunto da população e entrando, definitivamente, nos hábitos da cidade ao assumir o posto de diversão mais importante – desbancando circos, cafés-concerto, teatros, serões etc.[10]

Quanto aos recursos possíveis à produção cinematográfica deste período, sobressai--se a prática da cavação,[11] inserida que estava num meio cinematográfico pouco voltado ao filme de enredo e tomado por documentários, jornais cinematográficos e um cinema de pro-paganda – constituído quase que exclusivamente de propaganda política e comercial.[12] Ou seja, na constatação de certa produção cinematográfica nos anos 1920, já se verificam as raízes de um mercado cinematográfico paulista propício a abrigar complementos nacionais – que acenderiam com maior força nas décadas seguintes. A respeito desses filmes cavados nas primeiras décadas do século XX, José Inácio de Melo Souza acrescenta:

> Destituídos de mercado interno, a circulação dos filmes era restrita ao local de produção, com rendimento financeiro medíocre. À falta de amplidão nos negó-cios desembocava na cavação como forma de escape à existência calamitosa (...) A cavação cinematográfica acompanha o perfil baixo do cinema brasileiro. Era miúda, simplória. Fazendeiros e suas posses, cidades do interior, tornaram-se alvos diretos (...) O dinheiro pingava certo e constante quando se conseguia

---

8   *Ibidem*, p. 11. Grifo nosso.

9   *Ibidem*, p. 20.

10   *Ibidem*, p. 38.

11   *Ibidem*, p. 20-6, 37-8, 4-5.

12   *Ibidem*, p. 29.

uma subvenção do governo. Um conto de réis por mês (...) para uma produção de quatro números de cinejornal, era algo fabuloso.[13]

Um período posterior na produção paulista também foi o abordado por Galvão: a década de 1950, anos de extraordinária animação na prática e no pensamento cinematográfico que esteve, inicialmente, "sob o estímulo da produção industrial e, em seguida, na tentativa de compreensão do seu fracasso".[14] Nesse período de efervescência dos 1950, sobre os quais se pretendia para um cinema brasileiro "de qualidade", também corriam opiniões entre uma industrialização em padrões *hollywoodianos* e um modelo "independente", arraigado numa ideologia nacionalista e desenvolvimentista com o incentivo e proteção do Estado.[15] Tratava-se, segundo Galvão, de um "período de gestação de temas", com mesas redondas e congressos no início dos anos de 1950,[16] primeiramente realizados em São Paulo, depois estendidos ao Rio de Janeiro.[17] Fóruns onde se discutiam ideias em torno de um "cinema ideal", calcado na ideia de um "nacional" e um "popular":[18] fosse este cinema capaz de alçar a categoria de manifestação artística, condizente à imagem de progresso e compensando e/ou ocultando seu subdesenvolvimento;[19] ou de se colocar, numa coloração nacionalista *à esquerda*, como manifestação crítica de nossa realidade histórica, intervindo nela própria.[20] Fato era que o cinema brasileiro, àquela altura, "além de estar à procura de sua forma e sua verdade, estava ainda à procura de seu público, de um mercado que não lhe pertencia", pois estava dominado pelo cinema estrangeiro.[21]

O não entendimento quanto à importância de um mercado exibidor voltado ao filme nacional contribuiu, por exemplo, para o malogro da concretização do mito da indústria cinematográfica pela elite paulista no início dos anos de 1950, com a criação da *Companhia*

---

13   Souza, José Inácio de Melo. *O Estado contra os meios de comunicação...*, op. cit., p. 29.

14   Galvão, Maria Rita Eliezer. "O desenvolvimento das ideias sobre cinema independente". In: *Cinemateca Brasileira. Trinta anos de cinema paulista: 1950-1980*. São Paulo, 1980. p. 13-23.

15   *Ibidem*, p. 21.

16   *Ibidem*, p. 14.

17   *Cf.* Souza, José Inácio de Melo. "Os Congressos de Cinema". In: *Congressos, Patriotas e Ilusões e Outros Ensaios de Cinema*. São Paulo: Linear B, p. 9-121.

18   Galvão, Maria Rita Eliezer e Bernardet, Jean-Claude. *Cinema, Repercussões em Caixa de Eco Ideológica: as Ideias de "Nacional" e "Popular" no Pensamento Cinematográfico Brasileiro*. São Paulo: Brasiliense, 1983, p. 36.

19   *Ibidem*, p. 38-9.

20   Galvão, Maria Rita Eliezer. "O desenvolvimento das ideias sobre cinema independente", op. cit., p. 23.

21   *Ibidem*, p. 23.

Cinematográfica Vera Cruz.[22] Algo sintomático de uma necessidade muito mais voltada ao consumo de padrões culturais dos países desenvolvidos, do que pelo amadurecimento de uma consciência cinematográfica dentro das limitações do campo cinematográfico nacional. Nesse sentido buscou-se, antes,

> O pleno domínio de uma atividade industrial tão complexa [que] seria ao mesmo tempo a demonstração de desenvolvimento paulista, e um meio de divulgar à nação e ao mundo a nossa capacidade, o nosso dinamismo e a nossa cultura.[23]

Era preciso fazer, ao menos em São Paulo, algo totalmente diferente do que julgavam existir de mais degradante na produção cinematográfica nacional: os complementos nacionais e a produção de rápida realização e de retorno financeiro relativamente fácil – as *chanchadas* produzidas pela Atlântida Cinematográfica no Rio de Janeiro. Ou seja, romper com a baixa qualidade nem que para isso fosse necessário recomeçar do zero.[24] Porém, ao buscar soluções e horizontes com os olhos para o exterior, o resultado foi a indiferença, ou mesmo negação, em relação às conquistas legais para o cinema obtidas junto ao Estado, fruto da continuidade cinematográfica baseada numa produção de "baixa qualidade":

> (...) foi graças à produção carioca que se conseguiu um volume de filmes suficientemente grande para pressionar uma legislação cinematográfica. O decreto-lei nº 1949, que estabelece a obrigatoriedade de exibição de longas-metragens nacionais durante sete dias por ano, entra em vigor no início dos anos 40, e em 46 a obrigatoriedade de exibição é triplicada. Com todos os problemas de distribuição e exibição que a Vera Cruz possa ter enfrentado depois, assim mesmo ela já contava com uma legislação mínima que obrigava todos os cinemas do território nacional a exibirem filmes brasileiros durante 21 dias por ano (assim como no próximo aumento, o célebre 'um em oito' de 1952, a pressão da própria produção paulista seria fundamental).[25]

Além disso, vale dizer que a primeira lei para o cinema nacional – promulgada em 1932 (Decreto 21.240/32) e regulamentada em 1934 – tinha como objetivo a obrigatoriedade de exibição de complementos nacionais.[26]

---

22   *Cf.* Galvão, Maria Rita Eliezer. *Burguesia e Cinema: o Caso Vera Cruz.* Rio de Janeiro: Civilização Brasileira, 1981.

23   *Ibidem*, p. 13.

24   *Ibidem*, p. 42.

25   *Ibidem*, p. 43.

26   *Cf.* Galvão, Maria Rita Eliezer e Souza, Carlos Roberto de. "Cinema Brasileiro: 1930 - 1964". In: Fausto, Boris (org.). *O Brasil republicano, v. 3: economia e cultura (1930-1964).* São Paulo: Difel, 1984, p. 463-500.

Tal qual a crítica de Bernardet apontada anteriormente, contra uma história menos calcada na realidade concreta do cinema brasileiro, a iniciativa da Companhia Vera Cruz parece ter seguido pelo mesmo caminho, ao focar a produção cinematográfica apenas no estágio da produção, ou seja, desviando o olhar das dificuldades da estruturação de um mercado para absorver suas produções. Nesse sentido, o próprio discurso histórico parece ter reproduzido a visão de que o processo cinematográfico termina com o filme concluído pelo realizador:

> (...) chegando à primeira cópia, considera-se que o essencial está feito. O discurso histórico está calcado nesta filosofia, que parece esgotada. Por estar grandemente dependente dela, se vê na impossibilidade de analisá-la e de compreender por que se esgotou. (...) A crise da produção leva de roldão o discurso histórico.[27]

Os estudos e reflexões aqui apontados são esclarecedores de um contexto cinematográfico carente em vários aspectos, dentre os quais a inexistência de um meio mais receptivo ao produto nacional. Contudo, há trabalhos investigativos sobre estas questões ligadas à estrutura do mercado cinematográfico brasileiro, onde a competição com a fita estrangeira desdobra-se em divergências entre produtores nacionais e distribuidores e exibidores. A fragilidade do filme nacional mediante a pouca receptividade do mercado interno, bem como a falta de uma legislação menos desigual, foram pesquisados por Anita Simis.[28] Em seu livro, a autora estuda as aproximações entre o cinema e a esfera estatal em paralelo com a nossa história política, indo da Era Vargas (1930 a 1945) ao contexto da redemocratização pós-1946; e do pré-golpe civil-militar de 1964 ao início da ditadura militar, até a criação do *Instituto Nacional de Cinema* (INC), em 1966. Por tópicos que influenciaram as leis de cinema e seus desdobramentos, Simis baseou-se em dados oficiais (atas de congressos, documentos institucionais, anais da Câmara dos Deputados e da Câmara Municipal de São Paulo), assim como em jornais e revistas para pesquisar o monopólio do produto estrangeiro no mercado distribuidor, a prática da cavação e até mesmo a assiduidade do público, pela quantificação das salas e o tabelamento das entradas.

Para além da constatação do cinema enquanto o mais frequentado meio de diversão popular,[29] Simis detém-se numa análise do espetáculo cinematográfico nacional como um todo, em que a produção do filme é apenas uma parte – juntamente com a distribuição,

---

27 Bernardet, Jean-Claude. "Acreditam os Brasileiros nos seus mitos? – O cinema brasileiro e suas origens". In: Bernardet, Jean-Claude. *Historiografia Clássica do Cinema Brasileiro, op. cit.*, p. 22.

28 Simis, Anita. *Estado e Cinema no Brasil*. São Paulo: Annablume/Fapesp, 1996.

29 *Ibidem*, p. 195.

a exibição e, é claro, o público – de uma prática cultural voltada às massas. Uma prática cultural também instrumentalizada pelo Estado Novo, tanto pelo viés pedagógico como propagandístico, a partir das iniciativas do *Instituto Nacional de Cinema Educativo* (INCE),[30] e do próprio DIP. Tal realidade que impulsionou uma legislação pouco correspondente às necessidades do fortalecimento do filme brasileiro,[31] e que deixou ecos para além da reabertura democrática, com caminhos seguidos por uma prática cinematográfica brasileira sempre dependente do protecionismo estatal, em ações do tipo:

> (...) obrigatoriedade de exibição, regulamentação do comércio dos filmes brasileiros no mercado nacional com a instituição do pagamento mínimo para os produtores brasileiros e para os distribuidores, obrigatoriedade de exibição de um longa-metragem por ano e até barateamento e facilidades de transporte para os filmes.[32]

Ou seja, uma série de atos paliativos "conquistados pelos produtores"[33] que, ao não resolverem problemas essenciais, por outro lado legitimaram a intervenção estatal e a criação de um mercado cinematográfico cada vez mais assistido e dependente.

Mas nesse cenário cinematográfico nacional entre 1930 até 1966 verificado pela autora, foram os complementos nacionais (principalmente os cinejornais) quem mais mantiveram uma continuidade segura, pois, mesmo com oscilações na produção e exibição, transitaram num nicho que não era dominado pela fita estrangeira. Em São Paulo, por exemplo, mesmo com o CJB e o CJN, os cinejornais privados nunca estiveram atrás aos estatais no que tange a exibição.[34] Uma situação que, no mínimo, corrobora com a vocação de grande

---

30   Idealizado em 1936, mas oficializado em 1937, o INCE seguiu ativo até 1966 (enquanto seguimento do INC). Resumidamente, produzir e distribuiu filmes como instrumento de aprendizado e integração nacional. *Cf.* Schwartzman, Simon (*et al.*). *Tempos de Capanema.* São Paulo: Paz e Terra: FGV, 2000, p. 104-07. Para maiores informações sobre os filmes do INCE, *cf.* Cinemateca Brasileira. *Filmografia Brasileira, op. cit.*

31   Com o desinteresse das produtoras privadas, o cinema educativo, "(...) utilizado como fonte de transmissão de conhecimento e formação de mentalidade (...) passou a ser apresentado como proposta alheia aos problemas da produção privada". Após a criação do INCE, delineou-se um novo arranjo institucional na política cultural com o a criação do DIP, em 1939, em que "a política cinematográfica separou-se da esfera educativa e canalizou as reivindicações corporativas para o Conselho Nacional de Cinematografia, consolidando o Estado como árbitro". Este Conselho, que congregava produtores de cinema, buscou concessões legais e medidas protecionistas, confiando plenamente ao Estado a regulamentação e solução dos problemas. Simis, Anita. *Estado e Cinema no Brasil, op. cit.*, p. 280-281.

32   *Ibidem*, p. 281.

33   *Ibidem.*

34   *Ibidem*, p. 308-310.

RODRIGO ARCHANGELO

produção e circulação deste gênero cinematográfico, como levantado por Galvão no início do século XX, e mesmo a sua continuidade nas décadas posteriores. E vale ainda observar, nesse mesmo contexto, que o próprio Estado, com os seus cinejornais, foi forte concorrente pelas cotas de exibição do complemento nacional:

> O DIP começa a produzir documentários e jornais cinematográficos, e com a produção oficial institucionalizada, as produtoras independentes perdem boa parte do seu mercado. Além da concorrência desigual, têm de enfrentar censura sistemática. Alguns produtores e cinegrafistas conseguem transformar-se em funcionários públicos, filmando diretamente para o DIP, ou para suas agências estaduais, mas a maior parte é marginalizada.[35]

Para José Inácio de Melo e Souza, as relações entre o Estado e os meios de comunicação também estão contempladas no período que se estende da primeira república até o Estado Novo.[36] Resumidamente, podemos dizer que o autor promove um raio-x do DIP ao detalhar a importância das suas divisões,[37] bem como avaliar os enfrentamentos ocorridos naquele órgão federal.[38] Além deste enfoque central, José Inácio inova ao lançar mão de cinejornais para investigação histórica, tanto na análise direta sobre o artefato fílmico como na elaboração de um ferramental metodológico que explore as potencialidades de uma série de cinejornal como fonte de pesquisa.[39]

Ao estudar a *Divisão de Cinema e Teatro* do DIP, José Inácio verifica que a principal incumbência deste órgão, além da censura cinematográfica, foi produzir o CJB, cuja mensagem levada ao público comportou temas como o "trabalhador brasileiro", o "líder nacional", entre outros. Tais representações contribuíram à "manipulação dos trabalhadores pelo regime e a transformação de Vargas no *homem providencial / pai dos pobres*", conclui o autor.[40]

---

35 Cf. Galvão, Maria Rita Eliezer e Souza, Carlos Roberto de."Cinema Brasileiro: 1930 - 1964", *op. cit.*, p. 472-473.

36 Cf. Souza, José Inácio de Melo. *O Estado contra os meios de comunicação (1889 – 1945), op. cit.*

37 Que são as divisões de *Divulgação, Rádio, Turismo, Imprensa*, e de *Cinema e Teatro*.

38 Se para o governo a incumbência do DIP foi divulgar a *nação una*, internamente este órgão protagonizou enfrentamentos com outros ministérios por busca de espaço. É conhecida, por exemplo, a disputa entre o Gustavo Capanema, ministro da Educação e Saúde, e Lourival Fontes, diretor do DIP até 1942, pelo controle da produção e censura do cinema feito pelo governo. *Cf. Ibidem.*

39 Mas que não está isento de limitações, dado o estado do material fílmico que se tem em mãos. No caso do CJB, o autor esclarece:"(...) certamente foram filmados mais do que os 146.184 metros lineares de película computados até agora, dos quais a Cinemateca Brasileira salvou 91.495 metros, em 414 cinejornais (67% sobre o total)". *Ibidem*, p. 207.

40 *Ibidem*, p. 207. Grifo nosso.

Nesse sentido, "manipulação" e o uso de uma "mitologia" foram as principais linhas de força na construção de uma realidade cinematográfica para o Estado Novo. Um cenário ideal para o desenvolvimento do ritual do poder característico do governo estadonovista, em que tanto Getúlio Vargas como as Forças Armadas (Exército, Marinha, Aeronáutica e as forças auxiliares: Forças Públicas Estaduais e Corpo de Bombeiros, por exemplo) compunham os "dois poderes territoriais e encontráveis em todos os quadrantes da nação", exprimindo a vontade de abarcar por duas vias a *unidade*, em que

> a representação desta busca é dada pelas imagens da presença das Forças Armadas em todo o território nacional, freqüentemente combinadas com a presença de Vargas. Enquanto aquelas exibiam a manutenção, segurança e tranqüilidade da possessão territorial, Vargas faria da sua presença física, atenciosa e decidida, um signo para os habitantes das regiões mais distantes do país de que finalmente o corpo da nação era um só.[41]

Neste mesmo ritualismo cinematográfico, também tiveram lugar tanto as comemorações festivas como as mais diversas ações de Getúlio Vargas que

> (...) visita, recebe, preside, assiste, discursa, excursiona, veraneia, embarca, retoma, parte, passeia, inicia, encerra, exorta, soluciona. (...) um recurso semelhante trilhado pelos chefes militares que também visitam, recebem etc., onde o Sete de Setembro, com a sua magnífica parada militar, joga papel idêntico ao aniversário do ditador.[42]

Dessa forma, o objetivo maior do CJB foi criar e fortalecer uma personalidade nacional para Getúlio Vargas, subjacente a uma série de outros temas como "economia", "agricultura", "indústria", "segurança", "progresso" etc., sempre abordados de forma grandiloquente.[43] Por outro lado, o tema "trabalho", obteve uma frequência menor em relação aos demais, até porque o trabalhador representado no CJB ou estava atrelado a ações de assistencialismo, ou "protagonistas" enquanto *massa*, organizada em espaços para festejos como o Primeiro de Maio, o Sete de Setembro e o próprio aniversário do presidente da República.

---

41 *Ibidem*, p. 211.

42 Tavares, Zulmira *apud ibidem* p. 211.

43 *Ibidem*, p. 215-216.

De forma grandiloquente e em espaços estratégicos como nos estádios de futebol, o presidente podia "concentrar a massa" em festividades. Por exemplo, no Primeiro de Maio ocorrido no Estádio do Pacaembu em São Paulo...

... Onde Getúlio Vargas realizou a última comemoração desta data no Estado Novo. A presença física, atenciosa e decidida do líder completava o ritualismo nas telas. Cine Jornal Brasileiro n° 48, 1945. Acervo Cinemateca Brasileira.

Vale lembrar que a temática dos cinejornais foi retomada por José Inácio em mais dois trabalhos: um com enfoque sobre o "ritual do poder" em representações políticas;[44] outro como contribuição à sistematização de um ferramental metodológico para a análise de séries de cinejornais.[45] No primeiro trabalho, o autor evidencia um tipo de "tradição", entre curtas e cinejornais, cujo fio condutor é o continuísmo político, sempre retratado de forma ritualística na sua transposição para as telas dos cinemas. São filmes ligados às campanhas eleitorais de políticos "presidenciáveis", como Venceslau Brás, Arthur Bernardes, Washington Luiz, Júlio Prestes, o próprio Getúlio Vargas e Eurico Gaspar Dutra.[46] E políticos expressivos em contextos regionais, como Adhemar de Barros e Lucas Nogueira Garcez em São Paulo. É neste artigo, pela primeira vez, que o BT é analisado numa perspectiva histórica no cinema brasileiro, e como fruto da junção de interesses políticos e de pessoas ligadas ao campo cinematográfico – ainda que cinejornal adhemarista não seja o foco do artigo, e tenham sido analisados apenas três números. Quanto a uma metodologia desenvolvida no segundo trabalho, José Inácio expõe sua experiência no manuseio de cinejornais em pesquisas

---

44 Cf. Souza, José Inácio de Melo. "Eleições e Cinema Brasileiro: Do Fósforo Eleitoral aos Santinhos Eletrônicos", op. cit.

45 Cf. Souza, José Inácio de Melo. "Trabalhando com Cinejornais: relato de uma experiência", op. cit.

46 Sobre Venceslau Brás, *Brasil Ilustrado (edição de março)*, Nacional Filmes, 1918; Arthur Bernardes, *Para Ler a sua Plataforma Chega ao Rio de Janeiro o Futuro Presidente da República Dr. Arthur Bernardes*, Carioca Filme, 1921; Washington Luiz, *Rossi Actualidades n° 101*, Rossi Filme; sobre Júlio Prestes, são dois: *Era da Renascença Nacional*, Botelho e Neto, 1929, e *Recepção Apoteótica ao Presidente Júlio Prestes*, Rossi Filme, 1929; sobre Getúlio Vargas, alguns números do CJB; assim como alguns números do CJI para o Eurico Gaspar Dutra. Ibidem, p. 165.

históricas. Ao detalhar etapas do seu trabalho com este tipo de fonte, o autor considera que os resultados obtidos surgem após um longo curso de arranjo e organização da documentação; da análise cuidadosa da imagem e do som; da confrontação com outras fontes escritas e outros arquivos de imagem, e, até mesmo, o estabelecimento da veracidade do documento. E reconhece, por fim, que muito há de ser feito numa pesquisa com cinejornais, dado que cada empreitada traduz preocupações específicas, tornando impossível padrão para este trabalho. Existem fatores a serem considerados como, por exemplo, o estado do material – quase sempre precário –, e a bagagem teórica do pesquisador, bem como as suas preocupações e seus objetos.[47]

Contudo, ainda é pouco o espaço dedicado ao complemento nacional na história do cinema no Brasil. E, especialmente sobre os cinejornais, é quase proporcionalmente inverso à sua enorme presença na cena cinematográfica do século XX. O que pode ser explicado, em parte, pela falta – ou praticamente nenhum – apuro estético como apelo convidativo à pesquisa; em parte pela dificuldade de acesso às películas e às informações sobre algumas séries inteiras. Mesmo assim, temas envolvendo cinejornais vêm produzindo trabalhos importantes, tendo como foco diferentes séries e períodos da história.[48] Nesse sentido, e pouco a pouco, a presença dos cinejornais na cinematografia brasileira vem sendo reposta, dando a devida visibilidade a um tipo de filme bastante presente não só no Brasil, mas em muitos outros países.[49] A propósito, é oportuno retomar Paulo Emílio, que chama a atenção para uma estratégia própria do cinema, em que muito da sua linguagem

---

47   *Ibidem*, p. 61.

48   Por exemplo, pesquisas com o CJB da Era Vargas: Tomain, Cássio dos Santos. *"Janela da Alma": Cinejornal e Estado Novo – fragmentos de um discurso totalitário*. São Paulo: Annablume & Fapesp, 2006; e Silva, André Chaves de Melo. *Ensino de história, cinema, imprensa e poder na era Vargas - 1930/1945*. Dissertação apresentada à Faculdade de Educação da Universidade de São Paulo São Paulo, 2005. Sobre a cidade de Belo Horizonte, no início dos anos 1960: Siqueira, Daniela Giovana. "Poder e cinema: a produção de cinejornais a serviço da prefeitura municipal de Belo Horizonte em 1963". In: *ArtCultura, v. 11, n. 18*, jan.-jun. 2009, p. 78-93; e ____. "Cinejornais no horizonte político de uma cidade". In: *Recine, v. 4, n. 4*, set. 2007 p. 82-89. Também em Minas Gerais, mas na cidade de Juiz de Fora entre os anos 1930 e 1950: Sirimarco, Martha. *Cinejornalismo & Populismo: Ciclo da Carriço Film em Juiz de Fora*. Dissertação de mestrado apresentada à Escola de Comunicação da UFRJ. Rio de Janeiro, 1980. Sobre o período de Juscelino Kubitschek: Bizello, Maria Leandra. *Entre Fotografias e Fotogramas: a construção da imagem pública de Juscelino Kubitschek - 1956-1961*. Tese de Doutorado apresentada ao Instituto de Artes da Universidade Estadual de Campinas. Campinas, 2008. Sobre o cinejornal carioca Canal 100: Maia, Paulo Roberto de Azevedo. *Canal 100: a Trajetória de um Cinejornal*. Dissertação de Mestrado apresentada ao Instituto de Artes da Universidade Estadual de Campinas. Campinas, 2006.

49   Cf. Smither, Roger e Klaue, Wolfgang. *Newsreels in Film Archive: a Survey Based on the FIAF Newsreels Symposium*. Wiltshire: Flicks Books, 1998.

RODRIGO ARCHANGELO

se apreende no que não é mostrado.[50] Desta forma, talvez a relativa presença do cinejornal na História do Cinema no Brasil ilustre não somente o menosprezo da crítica contemporânea por um tipo de filme fora do cânone dos movimentos, gêneros e ciclos cinematográficos, mas o repúdio por um cinema resultante de interesses políticos e comerciais, e que em nada representava a luta pela conquista de um cinema nacional de qualidade, livre das imposições de um mercado dominado pela fita estrangeira.[51] Mas, mesmo assim, também não seria um "ritual do poder", pela disputa da memória do cinema brasileiro, a escolha do que deveria ou não ser lembrado?

O CINEJORNAL: ENTRE CRÍTICAS E
TENSÕES NO CAMPO CINEMATOGRÁFICO

Em trabalho fiel à mitologia política de Adhemar de Barros, a imagem do homem progressista assume um tom elogioso. A ratificação da sua figura visionária corrobora a iniciativa daquele que "introduziu no Brasil o marketing eleitoral" na política, fruto das inovações trazidas dos Estados Unidos e da Europa[52] e aplicadas na década de 1950, quando surgiu a prática da "caixinha":

> Foi nas campanhas dos anos 1950 que surgiu a prática da 'caixinha' (...) A 'caixinha', dizia a imprensa na época, arrecadava dinheiro do jogo, que naquele tempo não era proibido, e dos empresários, particularmente fornecedores ou empreiteiros, para financiar as campanhas. Era sabido também que Adhemar, homem de grande fortuna pessoal, herdada de sua família, gastava a granel para atingir seu sonho de ser presidente (...) Adhemar ficou com a fama de 'homem da caixinha', mas a prática generalizou-se, e até hoje todas as campanhas eleitorais, praticamente em todo o mundo, têm sido realizadas à custa da arrecadação de dinheiro de grupos de interesses.[53]

Próprio da intenção de preservar uma memória do político – manter o mito – é apoiar-se no jogo de palavras ("dizia a imprensa da época", "naquele tempo não era proi-

---

50　Cf. Gomes, Paulo Emílio Salles. "A arte de não mostrar". In: Gomes, Paulo Emílio Salles. *Crítica de Cinema no Suplemento Literário*, v. 1. Rio de Janeiro: Paz e Terra, 1981, p. 284-287.

51　Temas discutidos em congressos ocorridos no início dos anos de 1950, em especial o *I Congresso Paulista do Cinema Brasileiro* (1952) e o *I Congresso Nacional do Cinema Brasileiro* (1953). Cf. Souza, José Inácio de Melo Souza. "Os Congressos de Cinema". In: *Congressos, Patriotas e Ilusões e Outros Ensaios de Cinema, op. cit.*

52　Cannabrava Filho, Paulo. *Adhemar de Barros: Trajetórias e Realizações op. cit.*, p. 89.

53　*Ibidem*, p. 89-90. Grifo nosso.

bido" ou "ficou com fama"...) para diluir uma questão, no mínimo, polêmica até os dias de hoje. Por outro lado, isto pode nos dar indício sobre outra questão de fundo, como as mediações que sustentaram a produção do BT, e que resvalaram num toma-lá-dá-cá de interesses políticos e econômicos no campo cinematográfico. Algo sentido, inclusive, no mal-estar que o cinejornal adhemarista pareceu ter despertado na crítica cinematográfica dos anos de 1950.

Também não se pode esquecer que o "inovador" Adhemar de Barros havia sido um aprendiz bastante dedicado em como "promover" a própria imagem. Assemelhando-se em muito, quando ainda interventor, ao seu "mestre" Getúlio Vargas, e até antecipando-se ao presidente em relação ao cuidado com a propaganda em diversas ocasiões: no mês de abril, por exemplo, onde coincidentemente eram comemorados os aniversários de Getúlio Vargas, o de Adhemar de Barros e o de sua interventoria, a imprensa paulista, muitas vezes, deu mais destaque ao interventor, "principalmente antes de 1940, quando o aniversário do presidente era pouquíssimo divulgado".[54] Assim como em visitas oficias, onde

> (...) Adhemar com o intuito de divulgar São Paulo [e o seu governo] para o exterior, habituou-se a convidar embaixadores sediados no Rio de Janeiro, recebendo-os oficialmente, com direito a revista de tropas e continências oficiais [o que] trouxe-lhe muitas críticas, chegando a ser advertido pelo Ministério das Relações Exteriores do Estado Novo. Diziam até que estava transformando São Paulo em nação, dentro da Nação.[55]

Deste modo, uma propaganda política em cinejornais, inspirada na ditadura recente, certamente provocou tensões com críticos de cinema, posto que descontentes com o que certos interesses políticos e privados seriam capazes de gerar no campo, e no espetáculo, cinematográfico brasileiro. Nesse sentido, convém enxergar os cinejornais envoltos à repercussão que provocaram no campo cinematográfico, assim como o estranhamento que a película adhemarista causou durante os anos 1950, uma vez que é neste período que encontramos a maioria dos números do BT.[56]

---

54 Hayashi Marli Guimarães. *A Gênese do Adhemarismo, op. cit.*, p. 4-5.

55 *Ibidem*, p. 112.

56 Dos cerca de 180 registros catalogados pela CB, restam uma quantidade ínfima de edições realizadas nos anos 1940: apenas quatro. Do total, quatro são de 1950, 47 de 1951, 25 de 1952, 18 de 1953, 27 de 1954, e 37 de 1955; os 18 restantes, todos dos anos 1950, não possuem identificação exata quanto ao ano.

Em 1949, um mal-estar foi relatado em relação ao abuso de certos cinejornais, cuja propaganda comercial soava aberta e de forma escancarada.[57] Garantidos legalmente em um espaço de exibição nas salas de cinema, e tidos quase que automaticamente pela censura como filmes de "boa qualidade", os cinejornais eram praticamente impostos aos exibidores e ao público.[58] Tal crítica, por exemplo, recaiu sobre o *Serviço de Divulgação Cinematográfica* (SDC), cuja ação parecia enveredar cada vez mais para a distribuição de complementos de pura propaganda política, e com uma péssima seleção de temas e assuntos, como informa o crítico Carlos Ortiz:

> Em São Paulo, fazem jornais a Rossi Filmes, a Campos Filmes e o Serviço de Divulgação (...) ultimamente o Serviço de Divulgação enveredou para o complemento de *pura propaganda pessoal e política*. Suas produções, pelo menos as últimas que temos visto na tela do Ipiranga, primam pelo desleixo no trabalho de laboratório, e revelam *péssimo gosto na seleção de temas e assuntos*. Continuará nesse rumo errado o Serviço de Divulgação?[59]

Nas cartelas iniciais de alguns números do BT, realizados em 1952, existem letreiros de apresentação referentes ao SDC. Tal fato é indiciário de relações envolvendo o campo cinematográfico e os interesses de um partido e/ou um político; e sugere que o próprio BT fosse o alvo das críticas à companhia distribuidora – embora fosse a DCB a produtora do cinejornal adhemarista.

Cartela de apresentação com o logo do SDC. Bandeirante da Tela nº 501, 1952. Acervo Cinemateca Brasileira.

Anuência da censura em letras garrafais. Bandeirante da Tela nº 501, 1952. Acervo Cinemateca Brasileira.

---

57   Centro de Documentação e Informação sobre Arte Brasileira Contemporânea. *Carlos Ortiz e o Cinema Brasileiro na década de 50*. Carlos E. O. Berriel (coord.). São Paulo: Idart, 1981, p. 39. Grifo nosso.

58   Como lembra o professor Máximo Barro: "você não ia ao cinema sem ver o cinejornal porque era obrigado (informação verbal)". Cf. Barro, Máximo, entrevista concedida ao autor. op. cit.

59   Matéria originalmente publicada no jornal *O Estado de S. Paulo*, em julho de 1949. Cf. Berriel, Carlos E. O. (coord.). *Carlos Ortiz e o Cinema Brasileiro na década de 50*. São Paulo: Centro de Documentação e Informação sobre Arte Brasileira Contemporânea / Idart, 1981, p. 39. Grifo nosso.

UM BANDEIRANTE NAS TELAS

Esse mesmo tipo de relação parece ter sido alvo de críticas nos anos posteriores, conforme reclames contra uma empresa cinematográfica paulista que se valeu do cinejornal para "fazer propaganda política do seu dono e do partido (...) de sua propriedade".[60] Tais críticas recaíam também sobre a facilidade com que certos "abusos nas sessões de filmes" eram inexplicavelmente liberados pela censura, inclusive em todo o Brasil.[61] Questionava-se o desagrado do público nas salas diante da propaganda política que assumia proporções "fora do permissível e do tolerável" causando "assuadas e as vaias (...) *perturbando sempre a plateia*".[62] Nota-se, entretanto, que não está claro se a plateia incomodava-se em ver Adhemar de Barros na tela do cinejornal ou em ouvir "assuadas e vaias" vindas de uma parte dos espectadores, que incomodava todo o restante. Em termos de recepção do público, e mesmo com inflamadas opiniões contrárias na imprensa, deve-se considerar que um investimento sem retorno positivo (fosse político ou financeiro), dificilmente geraria um considerável número de edições, como foi o BT. Contudo, o artigo (não assinado) informa, não sem razão, que tais complementos nacionais contavam com indesejável "fator surpresa", fazendo o espectador sofrer "verdadeira burla, quando lhe impingem a *encenação filmada em benefício das esperanças candidatícias* de um cidadão".[63] O "cúmulo", para aqueles que iam ao cinema esquecer da política e se deparavam como o próprio Adhemar de Barros:

> (...) mas é o cúmulo! Vamos ao cinema esquecer da confusão e dos incitamentos açulados pelos choques dos partidos, e eis senão quando menos se espera lá surge na tela o teimoso e avantajado paredro, fazendo praça de suas... Qualidades de pretendente a postos de supremas investiduras.[64]

De fato, o "teimoso e avantajado paredro", que passava a imagem de conhecido nacionalmente por divulgar tanto as belezas do Brasil como a sua propaganda política através do cinejornal produzido pela sua própria produtora cinematográfica, se cercava de cuidados e acordos, como nos lembra Barro:

> Nunca iria aparecer nada contrário à política dele. Dele e daqueles que poderiam ser os seus aliados naquele determinado momento (...) em todo jornal,

---

60 "Política nos jornais cinematográficos". *A Gazeta*, 11 de junho de 1954. Hemeroteca - Cinemateca Brasileira, pasta 78, doc. 8.

61 "À censura federal cabe obrigação de acabar com tal abuso, aliás, praticado em todo o Brasil, por uma única empresa, e daqui, ligada às conveniências de campanhas políticas". *Ibidem*.

62 *Ibidem*. Grifo nosso.

63 *Ibidem*. Grifo nosso.

64 *Ibidem*. Grifo nosso.

em todo Bandeirante da Tela, tinha algo, alguma inauguração, alguém que tinha passado pelo palácio, alguma coisa... Ele era lembrado oficialmente (informação verbal).[65]

Em meio às discussões sobre os cinejornais, também pesaram acusações sobre os seus realizadores, culpados pelo retrocesso do "subaproveitado" espaço destinado aos cinejornais entre os demais complementos nacionais, em detrimento dos demais gêneros cinematográficos:

> Esta situação acabou por condenar a verdadeira escola de cinema, justamente o curta-metragem, que tanto poderia ser o drama, a comédia, o natural, os diversos ângulos pelos quais se mostraria em poucos metros de celulóide, motivos de agrado, de diversão e, principalmente, educacionais.[66]

Porém, tal culpa também recaía aos exibidores, pois quem se aventuraria a produzir "filmezinhos" se de "antemão sabe que eles não terão exibição devido aos *cinejornais de pura cavação?*".[67] Tratava-se, portanto, de um problema estrutural, como ressalta artigo publicado em 1955, no jornal *O Cruzeiro*:

> Mesmo no caso do pagamento estatuído por lei, é tão irrisório, que não daria nem para pagar a celulóide da cópia. Deste modo, o verdadeiro filme que deve merecer a atenção do Governo e o apoio do público, ficou condenado, sendo substituído pelos jornalecos da tela, pasquins sem nenhuma qualidade e que vivem de mostrar banquetes, inaugurações e tudo quanto se presta à mais descarada das propagandas e dos interesses particulares dos seus produtores.[68]

Banquetes, inaugurações, festinhas íntimas e até solenidades de entrega de diplomas a alunas de corte e costura,[69] ou mesmo a formatura de uma turma de cabeleireiras, como já registrado no BT,[70] são algumas queixas decorrentes contra a "vulgaridade" do conteúdo exibido: matéria paga e em grande quantidade, patrocinada por homens que queriam aparecer

---

65   Barro, Máximo, entrevista concedida ao autor. *op. cit.*

66   "Lei contra nosso cinema". *O Cruzeiro*, São Paulo, 16 de abril de 1955. Hemeroteca - Cinemateca Brasileira, pasta 155-1, doc. 9.

67   *Ibidem*. Grifo nosso.

68   *Ibidem*. Grifo nosso.

69   *Ibidem*.

70   *Bandeirante da Tela n. 521*. São Paulo: Divulgação Cinematográfica Bandeirante, 1953. Fita de vídeo (8min), VHS, sonoro, p&b, VV00098. Cinemateca Brasileira.

UM BANDEIRANTE NAS TELAS

ou políticos em véspera de campanha eleitoral. Recado direto para muitos cinejornais, entre eles o BT, que deveriam ser substituídos por

> Um jornal mais variado, com noticiário de diversos esportes e informações do que vai pelo mundo. Evidentemente não é o (...) Bandeirante da Tela e outras "maravilhas" informativas.[71]

Uma crítica também dirigida aos "cavadores", que após a redemocratização, sob pretexto da liberdade de imprensa e contrariando leis – em São Paulo, por exemplo, era proibida a propaganda comercial em complementos exibidos nas sessões pagas –,[72] levaram os cinejornais para um caminho obscuro, em que o oportunismo e o lucro fácil fortaleciam um "truste" de produtores e exibidores, responsáveis por uma situação em que os cinejornais apresentavam-se "quase todos de exclusiva matéria paga", uma vez que

> (...) a facilidade de produção de filmes desta espécie, serviu para formar um truste de exibição, pela renda que produz. Tanto assim que para furar esta quase exclusividade, chegam alguns produtores a se oferecer para pagar exibidores, em vez de receber o que manda a lei, porque o lucro está justamente no 'assunto' apresentado, ou seja, no anúncio projetado.[73]

Uma prática que, pouco a pouco, minava o potencial de toda uma categoria de filmes, visto como uma "poderosa arma de combate" para exibição em todo o país, mas que

> (...) durante muito tempo, os produtores nacionais relegaram a um plano secundário (...) a princípio como um veículo de propaganda estatal (vide o tempo da ditadura), os espectadores viam-se obrigados a assistir repetidos "clichês" de endeusamento, não só ao governo, como de toda a sua corte. (...) Com o advento da democracia em 1945, e a volta da liberdade da imprensa escrita, os cinejornais começaram a larear por um caminho incerto, do que se aproveitaram *oportunistas em busca do lucro fácil, filmando banquetes, homenagens, inaugurações duvidosas e ridículas demonstrações de solidariedade a figurões.* Entretanto, os cinejornais, têm o dever de noticiar e, através de críticas construtivas, orientar o

---

71 Os jornais cinematográficos não acompanharam a evolução do cinema. *A Rua*, São Paulo, 05 de outubro de 1955. Hemeroteca - Cinemateca Brasileira, pasta 78, doc. 6. Grifo nosso.

72 Trata-se da Lei Municipal nº 4.412 apresentada à Câmara Municipal de São Paulo em 08.02.1953, e efetivada em outubro daquele ano. Mas sua regulamentação ocorreu só em 30.06.1956, pelo Decreto 3.157. Cf. "Complemento Nacional ou Publicidade?". *A Crítica de São Paulo*, 16 a 23 de abril, 1959. Hemeroteca - Cinemateca Brasileira, pasta 995, doc. 2.

73 "Lei contra nosso cinema", *op. cit.*

público que acorre às bilheterias das casas de exibição (...) não se pode compreender, que sendo uma *poderosa arma de combate*, de elucidação, de educação (...) se limitassem a uma 'água açucarada'.[74]

Tal crítica, publicada em 1955, questiona a ação nociva de produtores e exibidores, e permite refletir como, eventualmente, os cinejornais eram vistos de mãos dadas (ou atadas) com os interesses políticos que noticiavam "ridículas demonstrações de solidariedade a figurões". Vale lembrar que, neste mesmo ano, Adhemar de Barros (há quase cinco anos afastado de um cargo político de relevância) era recém-saído de uma derrota em campanha para governador, mas estava entrando em outra, para presidente. Nesta campanha, o líder pessepista faria viagens por todo o Brasil, que seriam mostradas em seu cinejornal. No limite, pode-se questionar, inclusive, se a manutenção dos baixos preços das entradas "contrárias à indústria cinematográfica nacional" também não atenderia a interesses políticos-eleitoreiros de propaganda via cinejornais, considerando "a preferência do público por esta diversão?".[75]

A ideia de fortalecer o complemento nacional marcou presença em importantes discussões, envolvendo grupos de interesse que atuavam no campo cinematográfico, tais como produtores, distribuidores, exibidores, trabalhadores e técnicos do cinema. No *I Congresso Paulista do Cinema Brasileiro* (1952) e no *I Congresso Nacional do Cinema Brasileiro* (1953),[76] tentou-se estabelecer algumas diretrizes para o uso do espaço destinado ao complemento nacional, que estava salvaguardado pela legislação brasileira e não concorria com a fita estrangeira. Houve propostas que visavam tal espaço circunscrito apenas ao trânsito e ao incremento da produção documental, e ligados à produção de longas-metragens para fortalecer o "treinamento e eficiente capacitação dos assistentes (...) tornando-os profissionais aptos à indústria cinematográfica".[77]

Outras teses propunham soluções específicas quanto aos cinejornais, como, por exemplo, a proposta "Faixas de cinejornais", em que se pretendia ocupar um espaço deixado livre pelos americanos, ingleses e franceses – já que em maio de 1952 o Estado, por meio da Censura, fazia revigorar a lei que impunha a reciprocidade na compra de 10% de cinejornais brasileiros pelas distribuidoras estrangeiras,[78] mas atrelando tais faixas

---

74 Paiva, Waldemar. "Cine jornais". *O Mundo*, 01 de janeiro de 1955. Hemeroteca - Cinemateca Brasileira, pasta 78, doc. 7. Grifo nosso.

75 Simis, Anita. *Estado e Cinema no Brasil, op. cit.*, p. 195

76 *Ocorridos em São Paulo e no Rio de Janeiro, respectivamente. Cf. Souza, José Inácio de Melo. "Os Congressos de Cinema...", op. cit.*

77 *Ibidem*, p. 38-39.

78 *Ibidem*, p. 46.

aos maiores produtores e longas-metragens. Uma ideia coerente que afetaria, porém, produtoras pequenas como a própria DCB que, além das atribuições para com o BT, ofereceu serviços de laboratório e estúdio.[79] Existiram também disposições pela suspensão dos cinejornais da AN, como o CJI; obrigatoriedade da inclusão de uma reportagem diferente da AN, como o BT já vinha fazendo;[80] bem como a concessão de "10 cadeiras por sessão ao complemento nacional". Em resumo, tais propostas visavam romper uma barreira imposta principalmente pelos exibidores, que estavam "estruturados em seus sindicatos e federações, atuando de forma eficiente como barreira aos avanços da *legislação protecionista do cinema brasileiro*".[81] Ou seja, buscavam-se saídas sob a tutela do Estado "como *fonte suprema de recursos*", a exemplo do italiano, que tinha "desde o período fascista (1935), uma carteira de ajuda cinematográfica aberta na Banca Nacionale Del Lavoro".[82]

Contudo, é curioso notar que em 1959, Adhemar de Barros continuava sendo uma presença recorrente nos cinemas,[83] fazendo emergir um impasse que se arrastava para o espetáculo cinematográfico: "complemento nacional ou publicidade?", algo manifestamente incômodo para alguns críticos:

> Como impedir que [...] a Divulgação Cinematográfica Bandeirante deixe de propalar aos quatro ventos, para um publico indefeso, que pagou até 100 cruzeiros na porta de um cinema, as virtudes administrativas do Sr. Adhemar de Barros.[84]

Nesse sentido, o ideal discutido nos congressos do início dos anos 1950 ainda esbarrava em interesses políticos e econômicos do mercado cinematográfico brasileiro. Muito

---

79   "Eu fiz muitos trabalhos lá [na DCB] de anúncios publicitários e fiz dois longas-metragens durante dois anos, 57 e 58, eu trabalhava com uma equipe (...) inclusive revelávamos dentro daquele laboratório e tudo o mais... (informação verbal)". Barro, Máximo, entrevista concedida ao autor. *op. cit.*

80   Porém, como matéria paga. *Cf.* Souza, José Inácio de Melo. "Os Congressos de Cinema...", *op. cit.*, p. 47.

81   *Ibidem*, p. 29. Grifo nosso.

82   *Ibidem*, p. 22. Grifo nosso.

83   Seguramente, já não se tratava do mesmo cinejornal adhemarista, e sim um formato menos periódico, pois o BT termina em 1956, num contexto de fim de um ciclo na carreira política de Adhemar de Barros, como será mostrado adiante. Nesse sentido, Máximo Barro lembra que, sendo a DCB uma empresa de Adhemar de Barros, "(...) a saída física dele do país [1956] fez com que os jornais não tivessem a necessidade de antigamente, então a 'Bandeirante' (DCB) continua, mas agora sendo uma locadora [de serviços] (informação verbal)". Barro, Máximo. Entrevista concedida ao autor. *op. cit.*

84   "Complemento Nacional ou Publicidade?", *op. cit.* Grifo nosso.

RODRIGO ARCHANGELO

pouco propício à realização de cinejornais que não fossem intermináveis sucessões de anúncios camuflados em "atualidades", transformando o cinema em

> veículo publicitário para seus melhores clientes, que são os *políticos em véspera de eleições*, fazendo alarde de suas ações 'em benefício' (?) da coletividade.[85]

"Injustificável para uns, justificável para outros" seria mesmo o impasse, então comentado em 1959 por Marcos Marguliés (um dos organizadores dos congressos de cinema ocorridos no início dos anos de 1950) no jornal *O Estado de S. Paulo*. Ao escrever sobre a difícil realidade dos cinejornais, Marguliés defendia que a mudança de tal quadro independia simplesmente dos cavadores, pois mesmo sendo as críticas procedentes,

> o produtor dos jornais filmados e a publicidade cinematográfica vêm sendo acusados como os únicos culpados pela insustentável atmosfera reinante na sala de cinema durante os dez minutos de exibição do complemento nacional. Na realidade, porém, ambos – produtor e publicidade – são as maiores *vítimas*.[86]

Para o crítico, a culpa recaía muito mais sobre as leis de obrigatoriedade de exibição, criadas nos anos 1930, e regulamentadas nas décadas seguintes, cujos dispositivos obrigavam os realizadores a manter certa frequência nas salas de cinema. O que os obrigava, também, a cumprir tal periodicidade com jornais antigos e desatualizados, desagradando tanto o público como o exibidor.[87] Nesse sentido, tornava-se inevitável recorrer à publicidade, caso contrário o lucro do produtor não compensaria nem a película virgem.[88] Por outras palavras, a propaganda se apresentava como um mal necessário à produção dos complementos nacionais também por conta de uma "legislação arcaica", culpada por forçar uma manifestação potencialmente artística ou jornalística (no caso dos cinejornais) a recorrer a anúncios particulares.

Acompanhando os desdobramentos do artigo de Marguliés, na semana seguinte J. Pereira, diretor da Divisão de Diversões Públicas da Secretaria da Segurança de SP, rebateu as críticas feitas à legislação vigente – muito mais no sentido de defender o governo, que realmente propor soluções. Numa curiosa inversão de papéis, o diretor "rompe" com aquilo

---

85 "Complemento Nacional ou Publicidade?" *Ibidem.* Grifo nosso.

86 Maguliés, Marcos. "Justificando o injustificável". *O Estado de S. Paulo*, 20 de setembro de 1959. Hemeroteca - Cinemateca Brasileira, pasta 995, doc. 3. Grifo nosso.

87 *Ibidem.*

88 Problema recorrente, o alto custo da película virgem sempre motivou "teses" nos congressos no início da década de 1950. *Cf.* Souza, José Inácio de Melo. "Os Congressos de Cinema...", *op. cit.*, p. 37.

UM BANDEIRANTE NAS TELAS

que o próprio governo criou para o cinema, e se aproxima do que fora preconizado pelos congressistas do início da década: evoca o cinema como arte e espetáculo e condena a sua utilização enquanto *órgão de divulgação*, pois

> *justificar a exposição da propaganda nos cinemas – ainda que através de jornais cinematográficos* – lembrando a imprensa, o rádio e a TV *é laborar em equívoco imperdoável* (...) o espectador que ingressa num cinema objetiva assistir a uma forma de manifestação artística, tal qual o público freqüentador dos teatros e das galerias de arte. O público que *paga ingresso para ver arte cinematográfica, é obrigado a ver propaganda,* porque é, sem a sua autorização e sem receber nada por isso, alugado, o que constitui, afinal de contas, uma ilegalidade.[89]

Neste breve recorte da década de 1950, as tensões acerca dos cinejornais fazem emergir um cenário cinematográfico brasileiro controverso. Se, por um lado, o espaço do "complemento nacional" era o único livre da ameaça do filme estrangeiro; por outro, foi disputado por críticos, políticos, produtores, distribuidores e exibidores – tendo por principal pano de fundo os interesses políticos e econômicos. Contudo, apesar das opiniões divergentes e conflitantes, talvez a única convergência tenha repousado sobre o potencial desse tipo de filme. No caso dos cinejornais, tratava-se de uma "poderosa arma de combate",[90] mas subutilizada no sentido de ocupar as sessões para veicular e divulgar interesses político-partidários e econômico-privados, do que efetivamente agradar o público frequentador das salas.

Assim, os cinejornais atravessaram os anos de 1950 não apenas causando polêmica, mas sendo utilizado de forma estratégica. Por estar inserido num divertimento público de massa, cujas pesquisas de época apontam para um "período de ouro", em que o cinema era a maior diversão;[91] foi justamente esse grande alcance de público que esteve na mira de interesses políticos e privados.

---

89   Pereira, J. "Justificando o injustificável", *O Estado de S. Paulo,* 27 de setembro de 1959. Hemeroteca - Cinemateca Brasileira, pasta 995, doc. 4. Grifo nosso.

90   Paiva, Waldemar. "Cine jornais", *op. cit.*

91   *Cf.* Simões, Inimá Ferreira. *Salas de cinema em São Paulo, op. cit.,* p. 82, 89.

O Certificado de Censura, fornecido pela Divisão de Diversões Públicas. Apresentação obrigatória na ponta da película. Bandeirante da Tela nº 674, 1955. Acervo Cinemateca Brasileira.

Sobre esta forma de lazer extremamente acessível, com entradas em níveis populares,[92] como bem lembra Máximo Barro,[93] políticos reconhecidamente populares colocaram suas apostas na busca por um importante aporte aos seus interesses. De igual modo, Marino Netto, narrador e apresentador em alguns números do BT, seguiu com o seu próprio cinejornal.[94] Já Hermantino Coelho, responsável pela distribuição do BT e outros complementos nacionais, continuou atuando com cinejornais, distribuindo para conhecidos produtores como Primo Carbonari.[95] O próprio Adhemar de Barros, em sua terceira passagem pelo governo paulista, não dispensou a ajuda do cinema[96] que tanto contribuíra para a proliferação da sua popularidade – ou, para muitos, do seu *populismo*.

ADHEMARISMO: UMA FORÇA EM MARCHA?

Para a historiadora Ângela de Castro Gomes, escrever sobre o populismo, ou sobre os políticos tidos como populistas, é uma tarefa arriscada, pois, seja por

---

92   Cf. Simis, Anita. *Estado e Cinema no Brasil*, op. cit., p. 195.

93   "(...) um divertimento muito, muito barato (...) eu ia todas as noites no cinema, todas as noites. Como se fosse uma obrigação religiosa (...) nunca me faltou dinheiro para ir ao cinema (informação verbal)". Barro, Máximo. Entrevista concedida ao autor. *op. cit.*

94   "Programação do circuito de salas de cinema de S. Paulo". *Suplemento de Cine Revista*, São Paulo, de 13 a 19 de março de 1957, Hemeroteca - Cinemateca Brasileira, documentação diversa 1395, doc. 4.

95   Notícias nº 532. São Paulo: Primo Carbonari, 1964. Ficha Cens/I - Cinemateca Brasileira.

96   Notícias nº 547. São Paulo: Primo Carbonari, 1964. Ficha Cens/I - Cinemateca Brasileira.

(…) incapacidade ou por má compreensão, por adesão ou por rejeição, o texto será alvo de críticas de todas as espécies. Nesse sentido, o destino de qualquer reflexão que trate do tema reproduz, em certa medida, o próprio destino de seu objeto de estudo.[97]

Nessa mesma direção, estudar os alicerces de uma mensagem política como o adhemarismo (e a sua transposição ao cinema), comumente "estancada" na chave estereotipada do termo populismo, é tarefa que também não está isenta de exclusões, ou do risco de incorrer em algumas simplificações. Porém, há de se ter em conta a ineficiência do próprio conceito populismo, algo como a externalização de uma demagógica e bem-sucedida relação do político com as camadas populares; ou uma chave teórica que explica fenômenos políticos ocorridos em diferentes contextos promovendo, forçosamente, uma homogeneização. Sendo assim, a *relação* do político com a massa entendida simplesmente por populista é deixada de lado, neste trabalho, para se pensar o adhemarismo enquanto interlocução do jogo político balizada pelas especificidades históricas e socioculturais, que não são redutíveis a um único modelo teórico. Nesse sentido, o próximo passo é analisar a confluência entre o cinema e a política, unidos numa mesma prática cultural. Todavia, assim como o cinejornal, também é preciso entender a trajetória do político Adhemar de Barros, pois, somente assim, é possível verificar contornos da sua política, e dela retirar subsídios para a análise da representação contida no discurso do BT.

É importante recuar ao ano de 1941, quando Adhemar de Barros deixa a interventoria paulista com um incipiente saldo positivo, apesar das acusações de impostura administrativa, denúncias de desvios do erário público, favorecimento pessoal em licitações de obras governamentais, insinuações de suborno, bem como acusações de ordem política.[98] Mas também é fruto desta passagem um *capital político*[99] que tangenciará suas futuras relações políticas e o trato com a sua imagem pública, e que será sistematicamente utilizado para fortalecer as suas bases políticas: no período entre a saída da interventoria e a reabertura democrática em 1946, Adhemar de Barros articula uma máquina partidária, o PSP, cujo objetivo imediato foi preparar o terreno para as eleições estaduais que se aproximavam. Sur-

---

97 Gomes, Ângela de Castro. "O populismo e as ciências sociais no Brasil: notas sobre a trajetória de um conceito". In: Ferreira, Jorge (org.). *O Populismo e sua História: debate e crítica.* Rio de Janeiro: Civilização Brasileira, 2001, p. 17-57, p. 19.

98 Sampaio, Regina. *Adhemar de Barros e o PSP, op. cit.* p. 48.

99 Medido pelo *capital simbólico*, como mencionado em nota anterior. *Cf.* Bourdieu, Pierre. *O Poder Simbólico, op. cit.,* p. 188.

gido da fusão com partidos menores,[100] o PSP nasce um tanto controverso, dada a disposição do seu líder em compor alianças nada condizentes com o seu passado político de antigo deputado pelo então conservador Partido Republicano Paulista (PRP), entre 1935 e 1937, e interventor na ditadura do Estado Novo. Vale lembrar que, nesse momento, Adhemar de Barros "flertava" com a esquerda, haja vista que o líder pessepista,

> (...) se posicionara à esquerda do centro logo após o término da guerra. Quando os comunistas do ABC [paulista] e outros lugares foram presos logo após o golpe de 29 de outubro contra Vargas, Adhemar declarou seu apoio à manutenção da legalidade do PCB. No correr do ano seguinte, o PSP de Adhemar seria também co-patrocinador e participante de muitas atividades com o PCB.[101]

Eleito governador em 1947, Adhemar de Barros pareceu ter barrado a força política de siglas como o Partido Social Democrático (PSD), do então interventor Macedo Soares, e a União Democrática Nacional (UDN), que saíra das eleições para a governança estadual paulista com um saldo extremamente negativo, atrás ainda do rival Partido Trabalhista Brasileiro (PTB), fundado por Getúlio Vargas. Além disso, os quase quatrocentos mil votos de Adhemar de Barros se estenderam ao PSP, que conquistou nove cadeiras na Assembleia Constituinte Estadual – número igual ao da UDN, mas ficando atrás do PCB, do PTB e do PSD.[102] O estado mais populoso da nação estava, então, sob o comando de um partido sem vínculos nacionalmente estruturados, com o PSD, o PTB e a UDN; e com um governador que conseguira angariar um pouco mais de um terço dos votos válidos na região metropolitana de São Paulo,[103] no que contou com o apoio do Partido Comunista Brasileiro (PCB).

No início do seu governo, o líder pessepista demonstrou enorme vocação para coligações, ao associar os dois mundos da política paulista: empenhou-se em ampliar e conso-

---

100 Fundado em 02.12.1945, o Partido Republicano Progressista (nome estrategicamente escolhido por Adhemar pela proximidade com a sigla do então extinto Partido Republicano Paulista) se uniu a outros dois menores: o Partido Popular Sindicalista e o Partido Agrário Nacional, ambos surgidos em 1945, nascendo assim o Partido Social Progressista em junho de 1946.

101 Cf. French, John. O ABC dos Operários: Conflitos e Alianças de Classe em São Paulo, 1900-1950. São Paulo: São Caetano do Sul: Hucitec, 1995, p. 198.

102 Que ficaram, respectivamente, com 11, 14 e 26 cadeiras. Cf. Abreu, Alzira Alves de (et al.). Dicionário Histórico-Biográfico Brasileiro pós-30. 2. ed. Rio de Janeiro: FGV: CPDOC, 2001, 5v., p. 543.

103 Considerando os 393.637 votos para Adhemar de Barros num total de 1.116.883 votos válidos. Apud Dicionário Histórico-Biográfico Brasileiro, op. cit., p. 543. Para um contexto de aproximadamente 1.701.694 habitantes na região metropolitana, conforme dados do SEADE (ex-Departamento de Estatística de São Paulo) apud Simões, Inimá Ferreira. Salas de Cinema em São Paulo. Op. cit., p. 89.

UM BANDEIRANTE NAS TELAS

lidar sua base de apoio nas áreas rurais e urbanas. No interior, seu corpo correligionário foi bastante fortalecido ao "conquistar" máquinas políticas locais através da prática *clientelística*, ganhando terreno onde o PSD era forte. A esse respeito, é esclarecedor o depoimento de Mário Beni, um dos líderes do PSP e amigo de Adhemar de Barros:

> (...) é claro que o PSP quando elegeu o governador, não tinha a totalidade do estado de São Paulo [...], mas depois de 47, o governador (...) *foi substituindo os prefeitos*, por decretos, porque as eleições de prefeito só viriam no fim de 48 [...] Ele (Adhemar) destituía os prefeitos e *nomeava para prefeitos correligionários* seus e foi se fortalecendo. Quando vieram as eleições, as municipais, esses que comandaram o executivo dos municípios, lideraram as eleições e deu ao PSP uma vitória fabulosa. Daí começou a ascensão (informação verbal).[104]

Simultaneamente, Adhemar de Barros também se manteve próximo do PTB (e de Getúlio Vargas) e do PCB, nas áreas urbanas. Neste último caso, a ligação durou até a investida do PSD e da UDN, no sentido de destituir o governador eleito por estar coligado com uma sigla posta na ilegalidade em maio de 1947. Situação que faz o PSP e seu líder assumirem uma posição de "neutralidade" frente à cassação do partido comunista. Trata-se de um episódio em que o governador foi tido como um traidor, pois

> (...) dois dias após a decisão de tornar ilegal o Partido Comunista, a polícia estadual de Adhemar passou a invadir, por todo o estado, centenas de escritórios do PCB e organizações a ele aliadas – medida essa reproduzida em âmbito nacional. O seqüestro pelo governo dos registros do PCB foi seguido de intervenções levadas a cabo pelo Departamento Estadual do Trabalho de Adhemar, que depôs dirigentes de centro-esquerda em trinta e seis sindicatos paulistas.[105]

O mandato que durou até 31 de janeiro de 1951 alavancou a imagem de Adhemar de Barros e do PSP, que conquistaram notoriedade no cenário político paulista e nacional. Em São Paulo, nenhuma outra máquina partidária chegou a possuir igual penetração no estado como o PSP.[106] Além disso, o PSP conseguira, ao oficializar apoio a Getúlio Vargas

---

104 Beni, Mário *apud* Lamounier, Bolivar e Cardoso, Fernando Henrique (coord.). *Os Partidos e as Eleições no Brasil.* Rio de Janeiro: Paz e Terra, 1978, p. 51. Grifo nosso.

105 French, John. *O ABC dos Operários...*, *op. cit.*, p. 213.

106 Por exemplo, em novembro de 1947, quando o PSP elegeu 27% dos prefeitos paulistas, mais do que qualquer outro partido. Na capital, o mesmo cargo ainda era por indicação do governador. *Cf. Dicionário Histórico-Biográfico Brasileiro*, *op. cit.*, p. 544.

em 1950, emplacar a candidatura de João Café Filho à vice-presidência de República. E mesmo que o líder pessepista não tenha sido candidato à presidência nas eleições de 1950, era um cenário onde o adhemarismo e o "pessepismo" estavam em alta, haja vista a vitória na sucessão para governador do Estado com o então politicamente desconhecido Lucas Nogueira Garcez. Além de se tornar a maior força da bancada de São Paulo na Câmara Federal, com doze cadeiras.[107]

Nesse curto panorama, o adhemarismo já havia sedimentado certa especificidade, no que motivou sua primeira análise teórica enquanto fenômeno político, considerado uma "força em marcha". Em 1954, a sociologia e as ciências políticas procuraram dar uma resposta à pergunta: "o que é adhemarismo?", tentando compreender qual o tipo de manifestação política que, desde algum tempo, ocorria em São Paulo. Nesse sentido, caracteriza-se a atuação adhemarista como um fenômeno marcado por uma política ao largo da sustentação ideológica-partidária, cuja "substância" provinha de uma liderança com enorme apelo carismático. Tratava-se de populismo *lato sensu*,[108] com uma espécie de desvio se comparado à clássica evolução política dos países capitalistas desenvolvidos.

Nestas formulações *ibespianas*,[109] o populismo era fruto do rápido processo de urbanização e modernização pelo qual o país passava. Numa perspectiva evolutiva, que ia de uma sociedade tradicional para uma sociedade moderna, tendo a rápida proletarização dos trabalhadores como uma das variáveis histórico-sociais desse esquema explicativo. Portanto, nessa "teoria da modernização", o contingente das áreas rurais ao se inserir no mundo urbano não estaria organizado politicamente de forma consciente, constituindo-se, assim, em *massa*. Soma-se a isso a necessidade de se impor um comando dirigente a esse novo quadro *nacional-desenvolvimentista* – de industrialização voltada ao mercado interno. Tarefa que caberia à nova burguesia industrial, se ela não estivesse politicamente carente de meios e valores para impor sua ideologia à coletividade – ou seja, à *massa*. Da

---

107 Enquanto o PTB elevou sua representação para nove deputados em detrimento das bancadas do PSD e da UDN. *Ibidem*, p. 545.

108 Jaguaribe, Hélio (*et al.*). "O que é o Adhemarismo?". In: Câmara dos Deputados. *O Pensamento Nacionalista e os "Cadernos do Nosso Tempo"*. Seleção e introdução por Simon Schwartzman. Distrito Federal: Universidade de Brasília, 1981, p. 23-30.

109 Referência aos intelectuais ligados ao *Instituto Brasileiro de Economia, Sociologia e Política*, fundado em 1953, e que iniciou, neste mesmo ano, a publicação dos "Cadernos do Nosso Tempo". Publicação esta considerada o berço de uma ideologia nacional-desenvolvimentista para o atraso que representava a crise nacional em curso nos anos 1950. Participaram do IBESP, intelectuais como Alberto Guerreiro Ramos, Cândido Mendes de Almeida, Hermes Lima, Inácio Rangel, João Paulo de Almeida Magalhães, Hélio Jaguaribe, entre outros. O mesmo núcleo fundaria, posteriormente, o Instituto Superior de Estudos Brasileiro (ISEB). *Cf.* Gomes, Ângela de Castro. "O populismo e as ciências sociais no Brasil...", *op. cit.*, p. 22-23.

necessidade de conquistar apoio político das massas emergentes surgia, assim, a figura do "líder carismático", com capacidade para mobilizá-las.

Nesse modelo explicativo, nota-se que esta evolução política e social do Brasil consistia num "desvio" da evolução clássica do modelo capitalista europeu, em que, teoricamente, a burguesia industrial, condizente com a sociedade moderna, deveria substituir a oligarquia agrária, resquício de uma sociedade tradicional, nos rumos políticos nacionais. É nesse "desvio", portanto, que se encontrava o populismo enquanto chave explicativa, tendo em vista o que lhe era exterior e não as suas próprias especificidades. Nesse sentido, Maria Sylvia Carvalho Franco verificou um tipo de "idealismo vulgar" contido nas análises empreendidas pelo viés de uma teoria da modernização, pois elas preconizavam o subdesenvolvimento das camadas populares como algo a ser conquistado e submetido ao comando de uma burguesia industrial progressista, para que a sociedade brasileira se desenvolvesse segundo a ótica do trabalho capitalista.[110]

Na década de 1960 o conceito de populismo foi revisitado, ainda nas bases de um "fenômeno político", pelas análises de Francisco Weffort[111] e Octávio Ianni.[112] Na tentativa de explicar a relação das massas e o Estado no populismo, Weffort sugere a *Revolução de 30* como um divisor de águas na política brasileira, observando que o vazio de poder ocasionado com esse episódio não só impossibilitou a hegemonia política de um único grupo dirigente,[113] como gerou a ampliação da participação democrática das camadas populares. Resumidamente, segundo o autor, seriam estas as condições para a ascensão de políticos como Getúlio Vargas, praticantes de uma "política de massas" para lidar com a massa – composta, sobretudo, pelo contingente migratório das áreas rurais, com uma mentalidade individualista e carente de uma consciência de classe. Porém, nessa política de massas de Weffort também reside o conceito de *manipulação*, mas numa chave de governar abrindo concessões a certas demandas.[114] Contudo, essa mesma ideia de manipulação carrega to-

---

110   Franco, Maria Sylvia Carvalho. "O tempo das ilusões", *op. cit.*, p. 163, 172, 181.

111   *Cf.* Weffort, Francisco C. "Política de Massas". In: Weffort, Francisco C. *O Populismo na Política Brasileira*. Rio de Janeiro: Paz e Terra, 1980, p. 15-44.

112   *Cf.* Ianni, Octávio. *O Populismo na América Latina*. Rio de Janeiro: Civilização Brasileira, 1975; e *O Colapso do Populismo no Brasil*. Rio de Janeiro: Civilização Brasileira, 1978.

113   "(...) uma situação em que nenhum dos grupos (classes médias, setor cafeeiro, setores agrários menos vinculados à exportação) detém com exclusividade o poder político". *Cf.* Francisco Weffort, *O Populismo na Política Brasileira*, *op. cit.*, p. 50.

114   Como também indica o historiador Boris Fausto, quando sugere um *Estado de compromisso* compondo com grupos dominantes para garantir o poder pessoal da liderança política - no caso Getúlio Vargas - e no compromisso com as classes populares, que passariam a integrar, de forma subordinada, o cenário político nacional.

nalidades mais "flexíveis", tendo em vista que o líder populista também deve estar conectado às aspirações e expectativas de seu(s) interlocutor(es) no jogo político. Neste exemplo, é do próprio Weffort interessante reflexão sobre o populismo em São Paulo, traduzidas nas forças adhemaristas e janistas:

> (...) o populismo nestas formas espontâneas [o adhemarismo e o janismo] é sempre uma forma popular de exaltação de uma pessoa na qual esta aparece como uma imagem desejada para o Estado.[115]

Com base nas considerações deste autor, o cenário político dos países desenvolvidos ainda era o modelo no qual o Brasil precisava se inserir. Porém, dentro do nosso subdesenvolvimento, Weffort entende que o contexto político paulista apresentou características únicas. Por ser o estado economicamente mais desenvolvido em relação ao restante do país, segundo o autor São Paulo foi capaz de gerar nas frestas de sua sociedade uma "marginalidade pequeno-burguesa", afeita à classe média premida por uma situação de fronteira entre "ricos" e "pobres"; e, por isso, portadora de um sentimento de "desamparo" e uma ânsia por estabilidade e ascensão social. Nesse sentido, a identificação destas camadas com o discurso das "realizações adhemaristas" mesclado à figura também pequeno-burguesa de Adhemar de Barros – médico, empreendedor, cristão-católico, pai de família e conservador dos valores tradicionais paulistas: o bandeirante, por exemplo –, capaz de evitar o descenso social mediante a crescente "ameaça" de proletarização, geralmente tingida com as colorações de um trabalhismo à esquerda.[116] Tal "ressentimento social adhemarista" se expandiu pelo viés paternalista, também alcançando outras camadas da sociedade como o "assalariado marginal" de baixa qualificação.

Em um primeiro momento, estas considerações parecem tramitar no espaço teórico da política de massa baseada numa manipulação pensada em termos de exploração de uma das partes na relação política. Ou seja, o populismo puro e simples, em que populista se aproveita da massa passiva e desprovida de consciência, ou melhor, esclarecimento sobre a sua própria condição. Contudo, a própria chave da manipulação no populismo – quase automaticamente atribuída a qualquer "ismo" – traz uma interlocução necessária entre o político e o povo, uma relação de mão dupla e não apenas de cima

---

Cf. Fausto, Boris. *A Revolução de 30: História e Historiografia.* São Paulo: Brasiliense, 1970; *Cf.* Gomes, Ângela de Castro "O populismo e as ciências sociais no Brasil...", *op. cit.*, p. 32-34.

115   Weffort, Francisco C. *O Populismo na Política Brasileira, op. cit.*, p. 36.

116   Weffort, Francisco C. "Razões sociais do populismo em São Paulo": In *Revista Civilização Brasileira n.* 2. Rio de Janeiro: Civilização Brasileira, 1965, p. 39-60, p. 57.

para baixo. Nesse sentido, nas comparações entre o adhemarismo e o janismo feitas por Weffort, tais discursos se distinguem justamente pelas diferentes formas de interagir com as camadas sociais – ainda que, para o autor, estas estejam desprovidas de uma perspectiva para o conjunto da sociedade.

Nas eleições ocorridas para governador do estado em 1962, por exemplo, o autor identifica no adhemarismo vitorioso a retomada de um discurso calcado na imagem construída durante as primeiras passagens de Adhemar de Barros pelo governo paulista. Logo, Weffort observa duas vertentes: uma fase "progressista", que compactua com as obras e as realizações do político, e uma conservadora, calcada no bordão "paz e tranquilidade". Dois aspectos de uma proposta que surtiu efeito junto às camadas médias da sociedade, em que

> viver tranquilo [era] uma aspiração permanente deste pequeno-burguês que, mesmo nos momentos de ascensão, busca assegurar garantias de estabilidade contra as perspectivas, obscuras mas inevitáveis, da decadência.[117]

Ou seja, as camadas médias, ou pequeno-burguesas, não negam o seu conservadorismo, sobretudo quando ressentidas ante a ameaça de queda iminente do padrão de vida. E, além disso, externam uma expectativa bem típica de setores marginalizados que dialogam com o poder na medida em que este promete livrá-los do infortúnio.

Por outro lado, o desafortunado, o "assalariado marginal" de baixa qualificação, também se aproxima do discurso de um Estado protetor que olhe para os pobres. Neste ponto, o apelo filantrópico e assistencialista ensejado por Dona Leonor assumiu grande importância aos olhos tanto da camada pequeno-burguesa, como do pobre assalariado marginal: no primeiro caso, menos porque necessitem ou tenham necessitado em circunstâncias difíceis; mas, para ambos, porque constitui a expressão do tipo de generosidade que imaginam para o Estado.[118] Nesse sentido, vale relembrar o peso da representação "chefe patriarcal" que, na sua generosidade, prometia um "viver tranquilo" para atender tais setores que apoiavam o adhemarismo:[119] menos esperançosos de uma política específica do que um poder que "olhe pelos pobres", no melhor estilo de um populismo *bonapartista*.[120]

---

117 Weffort, Francisco C. *O Populismo na Política Brasileira*, op. cit., p. 31.

118 *Ibidem*, p. 31-32.

119 Weffort, Francisco C. "Razões sociais do populismo em São Paulo", op. cit., p. 58.

120 No estilo mesmo de uma relação *populista* de Luís Bonaparte, segundo Marx: em que o representante tem, ao mesmo tempo, que parecer o "seu senhor com um poder governamental ilimitado e que do alto lhes mandasse o sol ou a chuva". Cf. Marx, Karl. *O 18 Brumário e Cartas a Kugelmann*, 7. ed. Rio de Janeiro: Paz e Terra, 1997, p. 128.

RODRIGO ARCHANGELO

Já o janismo, ainda sob a perspectiva de Weffort, expressava setores sociais mais "estáveis" que aqueles contemplados pelo discurso adhemarista. A partir de meados dos anos de 1950, o crescimento econômico do Estado criou um cenário cuja grande maioria do eleitorado de Jânio Quadros, operários e classe média proletarizada ou em vias de proletarização, se inseriam sem tantas dificuldades no desenvolvimento capitalista. Pois ao contrário do adhemarista típico,

> Na medida em que o sistema [capitalista] se desenvolve, eles sentem-se menos como pequena burguesia em crise de decadência do que como operários com situação estabilizada ou em ascensão. Nesta mesma medida, chegaram ao limite da escala social urbana, seja decaindo como pequena burguesia que passa a viver do salário, seja ascendendo como homens de campo e do interior que engrossam as fileiras do proletariado.[121]

No sentido proposto pelo autor, o que conta para estes setores é a capacidade de trabalho, e não a expectativa de favores. É no horizonte de um Estado impessoal (algo inconcebível no adhemarismo), que garanta justiça e o propalado moralismo – o "tostão contra o milhão" quando do seu surgimento em 1953, e a vassoura para varrer a sujeira – que se encontram as aspirações do eleitorado janista, que se sentiu traído, contudo, pela renúncia de Jânio Quadros à presidência em 1961.

Portanto, as análises de Weffort evidenciam a interlocução dos agentes sociais, transfigurados em classes sociais que buscam a representação dos seus interesses na exaltação de uma pessoa, de um líder carismático, enquanto imagem desejada para o Estado. Nestes dois casos, o remédio para as respectivas angústias sociais aparece representado seja em Adhemar de Barros, na figura do realizador e do patriarca; ou em Jânio Quadros, na figura do político impessoal e, supostamente, justo. Assim, resta saber em que nível tais representações dialogaram, de fato, com as aspirações do eleitorado em geral, pois não se pode atribuir à categoria de "classe social" (classe média, operariado, assalariado marginalizado etc.) o monopólio de todas as nuances da sociedade.[122] Há muito mais nas representações do jogo político, como no exemplo do adhemarismo que, usando o cinejornal como uma de suas ferramentas, manteve o discurso de realizador e progressista para uma cidade que se desenvolvia rapidamente, mas que só conseguiu retornar com força ao poder em 1962, com seu discurso sintonizado em "ondas" mais conservadoras.

---

121 Weffort, Francisco C. "Razões sociais do populismo em São Paulo", *op. cit.*, p. 34-35.

122 Segundo Pierre Bourdieu, retomando o historiador E. P. Thompson, os grupos sociais estão por fazer, não estão dados na "realidade social, aliás, esta também é um objeto de percepções". Cf. Bourdieu, Pierre. *Coisas Ditas, op. cit.*, p. 156.

Octávio Ianni também contribui para se pensar o conceito populismo, mas numa vertente mais econômica. No cenário de um projeto nacional-desenvolvimentista, o autor estabelece uma relação entre as esferas econômica e social da política, apoiado na incorporação das camadas populares jogo político. Contudo, a interlocução entre o Estado e a classe trabalhadora se dá num contexto de crise no início dos anos 1960, ou mesmo de falência do que denomina "democracia populista" ou "modelo getuliano".[123] As razões são as seguintes: primeiro, o projeto econômico iniciado em 1930, de substituição das importações (sem o exclusivismo agrário do período oligárquico e com uma industrialização voltada para o desenvolvimento interno e independente) não consegue resistir ao capital estrangeiro, ou melhor, à internacionalização da economia, no que acarretou a perda de alguns centros de decisões importantes à formulação e à execução da política econômica. Em segundo, tal quadro levou à derrocada desse modelo nacional-desenvolvimentista, levando de roldão a democracia populista que tinha nas camadas populares e no apelo nacionalista o seu suporte.[124] Nesse sentido, essa interlocução política, que Ianni tem por democracia populista – que viveu anos de seu auge durante quando existiu o BT (1947-1956) – não explica de todo as oscilações do adhemarismo, nem mesmo a sua recusa diante do janismo. Contudo, ela oferece um aporte para se pensar o quadro geral de um movimento da economia brasileira e questões de fundo para se pensar as tomadas de decisão, efetivas ou discursivas, dos interlocutores no jogo político.

Em resumo, Octávio Ianni e Francisco Weffort estabeleceram bases para pensar o *fazer* da política no período da pesquisa com o BT. Em relação a Weffort, a inescapável interlocução entre Estado e camadas sociais, ainda que sob o rígido conceito da prática populista de manipulação das massas (haja vista as angústias e as expectativas levantadas pelo próprio autor em relação aos eleitores adhemaristas e janistas). Quanto a Ianni, a percepção na chave macroeconômica, indispensável para esclarecer o quanto um projeto de Nação reverberou no centro da questão política e social; embora consiga explicar particularidades numa chave tão homogeneizante como a ideia de "democracia populista".

Contudo, ater-se ao populismo para estudar fenômenos políticos em cenários distintos, ainda que ocorridos no mesmo período, pode trazer mais prejuízos do que ganhos. A começar pelo fato de tratar de um pressuposto teórico bastante "datado", posto que ligado à experiência primeira de Getúlio Vargas (o "pai dos pobres"). E também pode ser um tanto insidioso, quando utilizado como ponto de partida – ou de chegada –, por acabar diluindo práticas e atitudes dos entes envolvidos ou, então, homogeneizando experiências. Como no

---

123   *Cf.* Octávio Ianni, *O colapso do populismo no Brasil, op. cit.*, pp 53-55.

124   *Ibidem.*

trabalho de Guita Grin Debert,[125] em que a autora propõe estudar as especificidades nos discursos de "líderes populistas" em diferentes cenários políticos. A partir de quatro autoridades políticas dos estados da Guanabara, Recife, Rio Grande do Sul e São Paulo, Debert se detém no estudo dos seus respectivos discursos. Porém, não sem preterir o contexto e a circunstância em que ocorrem para restringir-se ao processo de elaboração linguística de cada um. Neste procedimento, a autora enquadra, antecipadamente, todos os discursos num arcabouço rígido de ideias sobre o que é *ser populista*. Com isso, acaba reafirmando ideias--chave do imaginário sobre o populismo, tais como "manipulação", "líder carismático", "massas" etc. Sua abordagem fica presa ao conceito, força igualdades nos discursos, e não alcança, senão difusamente, ideologias, valores, estilos que tangenciam a interlocução política contida em cada um deles.

De qualquer forma, como desconsiderar, em favor de um conceito, os ganhos e revezes na trajetória de Adhemar de Barros e de seu partido. Como não reajustar o olhar sobre o adhemarismo que, a partir de 1953, se viu diante de uma série de obstáculos. E que, nesse sentido, a figura de um líder carismático, populista por excelência, lidou com uma construção bastante cautelosa da sua imagem, sujeita a infortúnios. Dentre os quais, o próprio correligionário Lucas Nogueira Garcez que, em prol da governabilidade de seu mandato como governador (1951-1955), compôs com outros quadros partidários na câmara de deputados, contrariando os interesses do líder pessepista. Claro sinal que o adhemarismo, corrente até então praticamente unânime no PSP, também sofreu tensões dentro do próprio partido.

Indicado pelo próprio Adhemar de Barros, o então governador passou a ser o maior problema entre os seus correligionários. Os últimos anos de seu mandato marcaram o rompimento entre estas duas figuras importantes no PSP. Este fato dificultou a sucessão adhemarista ao executivo estadual, em 1954, pois a candidatura de Adhemar de Barros ficara "fragilizada", e por falta de apoio acabou sendo derrotada. Já não se tratava de dar continuidade ao projeto pessepista, pois Lucas Nogueira Garcez havia se desligado do partido no ano anterior. Consequentemente, o adhemarismo e seu partido se encontravam em grande desvantagem, uma vez que não possuíam mais ligações com a máquina governamental de São Paulo. Além disso, a eleições de 1954 marcaram o início da forte polarização entre Adhemar de Barros com o seu maior rival, Jânio Quadros, ainda que este houvesse vencido o pleito por uma pequena margem.[126] Nas eleições presidenciais

---

125 Debert, Guita Grin. *Ideologia e Populismo: A. de Barros, M. Arraes, C. Lacerda e L. Brizola*. São Paulo: T. A. Queiroz, 1979.

126 Foram 660.264 votos para Jânio Quadros, 641.960 para Adhemar de Barros, 492.518 para Prestes Maia e 79.783 para Toledo Piza num total de 1.874.525 votos válidos. *Apud Dicionário Histórico-Biográfico Brasileiro, op. cit.*, p. 546. Para uma população de aproximadamente 2.870.258 de habitantes na capital, conforme os

de 1955 aconteceu o mesmo, com Adhemar de Barros ficando em terceiro lugar,[127] apesar de uma incansável propaganda pelo BT, como veremos adiante.

Lucas Nogueira Garcez, recorrente presença no cinejornal adhemarista. Bandeirante da Tela nº 501, 1952. Acervo Cinemateca Brasileira.

Em 1956, o PSP iniciou o ano com sua queda em progressão: distanciado que estava do executivo do Estado, sofreu com ameaças e perseguições sob a bandeira da moralidade de Jânio Quadros. E perdia também a possibilidade do controle da máquina municipal, dadas as pressões janistas no Senado para suspender a licença concedida a Lino de Matos, do PSP, para assumir a Prefeitura. Este, temendo a perda de imunidade parlamentar que o tornaria mais vulnerável às mesmas pressões janistas, renuncia à Prefeitura em abril de 1956, assumindo, então, o vice-prefeito Wladimir Toledo Pizza, do PTB.[128]

Já o líder pessepista, julgado culpado em processos judiciais, foi obrigado a um "exílio" no Paraguai, o que lhe serviu para arrefecer a conturbada crise em que estava envolvido. Trata-se do "Caso dos Chevrolets" em que Adhemar de Barros fora condenado a dois anos de reclusão. Contudo, sua absolvição naquele mesmo ano foi habilmente explorada com o intuito de recuperar o seu prestígio. Ao retornar à cena política em 1957, explorou a imagem de vítima de perseguições políticas, vencendo o pleito para prefeito da capital paulista naquele mesmo ano.

Nesse contexto de ascensão e queda, a estratégia utilizada por Adhemar de Barros para preservar a sua imagem foi bastante clara: manter-se em constante evidência. Certamente, o político não passou imune aos conflitos vividos nesse período e a força da sua popularidade provavelmente não teria sobrevivido sem uma estrutura partidária forte. Ainda que a preocupação com a sua imagem fosse uma constante, ele não se apoiou apenas em seu carisma, como poderia se concluir o controverso conceito de populismo. Nos momentos em que sua imagem saíra arranha-

---

dados do SEADE (ex-Departamento de Estatística de São Paulo) apud. Simões, Inimá Ferreira. *Salas de Cinema em São Paulo*. op. cit., p. 89.

127 Sendo 3.077.411 para Juscelino Kubitschek (PSD-PTB), 2.610.462 para Juarez Távora (UDN) e 2.222.725 para Adhemar de Barros (PSP). Apud *Dicionário Histórico-Biográfico Brasileiro*, op. cit., p. 546.

128 Sampaio, Regina. *Adhemar de Barros e o PSP*, op. cit., p. 88.

da de certos confrontos, o partido era quem lhe dava sustentação a partir da troca de favores com outras correntes políticas. Desta maneira, o adhemarismo e o "pessepismo" não se misturaram pura e simplesmente, mas deram sustentação um ao outro. Ao desmistificar a supervalorização do adhemarismo enquanto uma "força em marcha", por mais carismático que Adhemar de Barros tenha sido, percebe-se que ele não dependeu só do seu partido:[129] recorreu ao constante retorno com certas alianças – entre elas, o próprio Getúlio Vargas,[130] além de muita propaganda em diretórios distritais, jornais, programas radiofônicos e cinema. Vale lembrar que a maioria das edições do BT analisadas são de um período em que Adhemar de Barros não governa, e por isso mesmo deixam evidente o investimento na manutenção da imagem do líder popular. Para tanto, noticiou sua agenda de compromissos políticos e sociais e a rotina dos seus correligionários e pessoas próximas; e cobriu eventos comemorativos a seu modo, como o IV Centenário de São Paulo mostrado ao fim deste trabalho.[131]

Nesse quadro geral do adhemarismo entre 1947 e 1956, é sintomática a inexistência de informações sobre o BT para além do mesmo período. Tal inexistência talvez indique o esgotamento de um esquema de propaganda de Adhemar de Barros e o PSP, que não resistiu ao desgaste da imagem política do líder pessepista, principalmente com a sua condenação. Muito possivelmente, este fato tenha afastado as parcerias políticas e privadas que sustentavam a sua produção, circulação e exibição, colocando fim a uma propaganda que logo seria retomada em outros veículos de comunicação, como a televisão.[132]

Contudo, ainda cabe a pergunta: se num primeiro momento criou-se um discurso para sedimentar uma representatividade conquistada nas urnas, quais pontos foram acentuados, posteriormente, para preservar o seu capital político? Mais que buscar as raízes daquilo que foi visto como um fenômeno político populista, é preciso desmistificar um discurso que inevitavelmente dialogou com os valores e as aspirações do espectador paulista. É também necessário compreender os signos e temas colhidos do que estava social e culturalmente posto naquela sociedade dos anos 1940 e 1950. É bom lembrar que, se tal investida não deu certo para voos políticos mais altos como a presidência da República, ao menos ajudou Adhemar de Barros atravessar o tempo e as

---

129 *Ibidem.*

130 "O abraço que uniu as forças populares contra a espoliação do povo", *Panfleto do Partido Social Progressista e Partido Trabalhista Brasileiro*. Caixa 638, pasta 03, doc. 001. Fundo Adhemar de Barros/APESP.

131 *Bandeirante da Tela Edição Especial – Nove de Julho no IV Centenário: Epopeia de Brasilidade.* São Paulo: Divulgação Cinematográfica Bandeirante, 1954, Fita de Vídeo (10min54seg), VHS, sonoro, p&b, VV00206. Cinemateca Brasileira.

132 No FAB, por exemplo, há textos de locução para programas de televisão, no período posterior a 1956. *Cf.* "Texto de locução para televisão, campanha eleitoral para presidente". São Paulo, 1960. Caixa 634, pasta 002, doc 004 - Fundo Adhemar de Barros/APESP.

dificuldades em sua trajetória política numa sociedade que ainda lhe daria um terceiro mandato estadual. Resta saber, portanto, como a dimensão social e cultural verificada no BT pode contribuir para desmistificar o fenômeno político. Neste sentido caberia perguntar por que o BT sequer aparece na mais importante compilação de realizações e feitos de Adhemar de Barros?[133] Talvez suas imagens revelem mais do que se queira conservar para a memória do adhemarismo e do mítico político Adhemar de Barros?

Entre 1946 e 1964 surgiram propostas e projetos políticos que não se resumem somente ao estudado trabalhismo de Getúlio Vargas e suas variadas vertentes,[134] ou mesmo o desenvolvimentismo personificado na imagem de Juscelino Kubitschek. Muito há por ser pesquisado sobre outras propostas políticas deste "período populista", como o próprio adhemarismo,[135] ainda que isso signifique se aprofundar em provincianismos regionais e, talvez, por lá ficar – algo irônico considerando a trajetória política de Adhemar de Barros que jamais conseguiu ultrapassar as fronteiras da sua própria província, o Estado de São Paulo. Ainda assim, qualquer tentativa de análise das figuras políticas que marcaram o intervalo democrático entre duas ditaduras pode contribuir para a compreensão do uso do próprio termo populista:[136] uma palavra maldita, atualmente voltada à imagem estigmatizada da má política em nosso país, como lembra Ângela de Castro Gomes:

> "São populistas os políticos que enganam o povo com promessas nunca cumpridas ou, pior ainda, os que articulam retórica com falta de caráter em nome de interesses pessoais. É o populismo, afinal, que demonstra como o 'o povo não sabe votar' ou, em versão mais otimista, 'ainda não aprendeu a votar'".[137]

Pelo tempo decorrido, talvez nos dias de hoje o seu recurso – seja na forma original ou qualquer outro "ismo" político – tenha subvertido o significado original. Pois vale lembrar que, nos anos 1940 e 1950, ser um populista ou autoproclamar-se como tal não significava necessariamente o que isso representa hoje: uma vontade de dizer que populista é o outro.[138]

---

133   Cf. Cannabrava Filho, Paulo. *Adhemar de Barros: Trajetórias e Realizações, op. cit.*

134   Cf. Neves, Lucilia de Almeida. "Trabalhismo, nacionalismo e desenvolvimentismo: um projeto para o Brasil (1945-1964)". In: Ferreira, Jorge (org.). *O Populismo e Sua História...*, op. cit., p. 167-203, p. 177-178.

135   Silva, Fernando Teixeira da e Costa, Hélio da. "Trabalhos urbanos e populismo: um balanço dos estudos recentes". In: Ferreira, Jorge (org.). *O Populismo e Sua História...*, op. cit., p. 205-271, p. 269.

136   Ferreira, Jorge. "O nome e a coisa: o populismo na política brasileira". In: Ferreira, Jorge (org.). *O Populismo e Sua História...*, op. cit., p. 59-124.

137   Gomes, Ângela de Castro. "O populismo e as ciências sociais no Brasil...", *op. cit.*, p. 21.

138   "Mas, afinal, quem são os populistas? Difícil saber, pois depende do lugar político em que o personagem que acusa se encontra. (...) O populista, portanto, é o outro, é o adversário, o concorrente, o desafeto". Ferreira, Jorge. "O nome e a coisa: o populismo na política brasileira", *op. cit.*, p. 124.

O ADHEMARISMO EM "QUADROS"

(...) e se mandou para sede do partido pra pegar mais propaganda. Ia lá, na Duque, quase todas as tardes apanhar material (*retratos do candidato, bandeirinhas, flâmulas, dísticos, cédulas*) que distribuía aos passageiros, no ponto, no bar, no puteiro da Lilá e na vila onde morava. Os *retratões, de mais de um metro*, costumava guardar no porta-malas pra colar nas paredes durante a noite.

(...) – *O fogo cerrado tem que ser no lombo dos indecisos.* Pra que gastar saliva com os janistas? É com eles que eu converso, eles que trago pro meu lado. Assim que vocês devem trabalhar. Falem na *Via Anchieta*, falem no *Hospital das Clínicas*, em *dona Leonor*. Nos *tuberculosos*. Os indecisos é que vão nos levar pros Campos Elísios.

O Adhemarista,
Marcos Rey[1]

O respeito e o cuidado para com a fonte histórica são o caminho para compreender os traços marcantes do objeto de pesquisa, inclusive quando se trata de uma *mitologia política*. Nela se entrecruzam diversos segmentos que explicam o seu surgimento, a construção no tempo e a figura central em que se baseia. Analisá-la, portanto, consiste num exercício que requer bastante atenção às imagens que a fundamentam,[2] como na epígrafe acima, que descreve as estratégias e as apostas de um adhemarista – o taxista "Moa" (Moacyr). Os

---

1   Rey, Marcos. "O Adhemarista", *op. cit.*, p. 206-207. Grifo nosso.

2   Girardet, Raoul. *Mitos e Mitologias Políticas. op. cit.*, p. 20.

temas vinculados à imagem de seu ídolo, a qual reflete o próprio discurso que Adhemar de Barros plantou naquele momento político. E nesse sentido, a própria opção de Marcos Rey narrar tais passagens sugere ecos de uma memória coletiva.

Os contornos do discurso adhemarista – a ideia de progresso, o trato com a saúde pública, o assistencialismo, além de outros – também estão representados no BT. E analisados quadro a quadro, colocam em xeque a ideia de um eleitorado passivo, pois traduz o esforço gasto na construção de um diálogo que precisava convencer o *público*, conceito que na comunicação em massa ocupa o lugar da noção de sociedade.[3] Nesse sentido, a popularidade de Adhemar de Barros foi sendo construída na medida em que se tentou compor com os anseios da sociedade que pretendia representar. Isso implica pensar a dimensão das apostas realizadas pelo político numa chave de entendimento bastante distante da ideia, por vezes cômoda, de *manipulação das massas*.

Vale lembrar que a partir 1954, o discurso adhemarista dá sinas de esgotamento, mediante a difícil *representatividade* política num cenário submetido a outras propostas. Principalmente uma bastante inovadora: a do "tostão contra o milhão", cujo candidato com "ternos desalinhados, jeito desengonçado e discurso vibrante, salvacionista e moralizador",[4] jurava varrer a sujeira do cenário paulista: Jânio da Silva Quadros, nada bem-vindo nas notícias do BT.

O governador paulista Jânio Quadros numa cena rara e num enquadramento bastante desfavorável no cinejornal adhemarista. Bandeirante da Tela nº 674, 1955. Acervo Cinemateca Brasileira.

Trata-se, de agora em diante, neste trabalho, de compreender a estratégia de convencimento adhemarista, que se completou com o investimento em propaganda no cinema. Um

---

3   Certeau, Michel de. *A Cultura no Plural*, op. cit., p. 52.

4   Gomes, Ângela de Castro. "A política brasileira em busca da modernidade: na fronteira entre o público e o privado". In: *História da Vida Privada no Brasil: Contrastes da Intimidade Contemporânea*. Schwarcz, Lilia Moritz (org.); Novais, Fernando (coord.). São Paulo: Cia. das Letras, 1998, p. 489-558, p. 547.

veículo de comunicação moderno que compactuava, dentro de um ideal de progresso, com o discurso progressista de Adhemar de Barros; semanalmente exibido nas salas de cinema em São Paulo, e em algumas pelo Brasil.

CONSTRUINDO REALIDADES, FORTALECENDO O MITO

A mentalidade progressista fez a sua estreia com Getúlio Vargas e trouxe, a roldão do processo de modernização do país, galvanizando tanto princípios burgueses com uma série de aspirações em agentes sociais da classe média, como das camadas mais populares.[5] Novos elementos passaram a participar do jogo político, pesando na balança eleitoral após o Estado Novo. Nesse contexto, a observação detalhada do BT revela uma série de símbolos e temas ligados à pluralidade da sociedade paulista, cujo corpo social, inserido no progresso de uma cidade "que não para", se reconheceu nas diversas formas de desenvolvimento e modernidade que pairava nos discursos políticos das mais variadas tonalidades, entre eles o de Adhemar de Barros. Sendo assim, imagens do discurso adhemarista voltaram-se às aspirações daquela sociedade e, do seu imaginário coletivo, ganhando vida na *mise-en-scène* exibida pelo BT. Mais claramente, foi da modernidade, do progresso e dos valores tradicionais paulistas que o adhemarismo criou imagens que despertassem a empatia no público, em especial, pela representação de papéis respeitáveis na estrutura e na mobilidade social daquela época.

Na busca por uma representação convincente, o paternalismo no discurso adhemarista foi patente, num apelo que ocorreu indiretamente quando vinculado aos compromissos de Dona Leonor. Nas manifestações de carinho registradas no BT para com ela, o discurso cinematográfico enveredou pela figura por vezes maternal, com ações assistencialistas, noutras matriarcal, com representações de uma pessoa central no seio do lar e da família; geralmente com narrativas construídas no âmbito das ações sociais no "Natal em São Paulo", ou nas "Notícias Sociais". Um tipo de aposta no discurso político que já havia tido suas aparições nos cinejornais de Getúlio Vargas, inclusive em sua experiência contemporânea do CJI, com a ação social de Darcy Vargas.[6] E mesmo em outros exemplos conhecidos de valorização da primeira-dama, como nos cinejornais da Espanha de Franco com as atividades sociais de sua esposa, Camen Pólo,[7] ou mesmo

---

5 *Cf.* Fonseca, Pedro César Dutra. *Vargas: O Capitalismo em Construção. op. cit.*, p. 298.

6 *Cine Jornal Informativo v. 2, n. 52.* Rio de Janeiro: Agência Nacional, 1951. Fita de vídeo (9min23seg), VHS, sonoro, p&b, Arquivo Nacional, Rio de Janeiro – RJ.

7 Sáncez-Biosca, Vicente. *Cine de Historia Cine de Memória – La Representación y Sus Límites.* Madrid: Cátedra, 2006, p. 49.

na Argentina, com o exemplo mais lapidar da ex-atriz de rádio-novela Evita Perón, importante alicerce para o carisma de seu marido Juan Perón.[8]

Em dois exemplos, pode-se constatar o cuidado com a imagem de Dona Leonor. No BT 415[9] (1951), o registro reporta à entrega de presentes no "Natal em São Paulo". O cinejornal começa com várias imagens de bonecos de Papai Noel que enfeitam a cidade e, ao fundo, ouve-se uma música com motivos natalinos. Após esta breve introdução, o BT registra a ação dos postos de entrega dos tíquetes para retirada dos presentes junto a Dona Leonor.

Cartela de apresentação do Natal em São Paulo. Bandeirante da Tela n° 415, 1951. Acervo Cinemateca Brasileira.   Fachada de um posto de distribuição de tíquetes. Bandeirante da Tela n° 415, 1951. Acervo Cinemateca Brasileira.

Após esta primeira parte, em que o narrador faz questão de lembrar a iniciativa caridosa de Dona Leonor, "em São Paulo, porém, há pessoas que se incumbem de lembrar a Papai Noel a infância desprotegida", começam as entregas dos presentes. Pelo dispositivo da montagem, dilui-se uma temporalidade real para a criação de um espaço cinematográfico completamente visitado por Dona Leonor, atribuindo-lhe uma onipresença digna de Papai Noel: ela está em todos os postos de entrega. Como enfatiza o narrador ao lembrar o espectador do "trabalho de percorrer a cidade em todos os quadrantes, a fim de que os pais pobres possam ver felizes seus filhos no natal". Durante todo momento, o discurso destila elementos para que se crie um clima bastante harmônico, algo que é anunciado nas cenas das entregas dos tíquetes, cartões, segundo o narrador, com panorâmicas em plano geral das pessoas que aguardam em longas filas indianas "a entrega dos cartões [que] evitam atropelos e possibilita aproveitar melhor, os milhares de presentes de antemão preparados".

---

8   Cf. Prado, Maria Lígia C. O Populismo na América Latina, 6 ed. São Paulo: Brasiliense, 1981, p. 37-65, 60 (Tudo é História, 4); Cf. Maria Helena Rolim Capelato. Multidões em Cena, op. cit., p. 95.

9   Bandeirante da Tela n. 415. São Paulo: Divulgação Cinematográfica Bandeirante, 1955. Fita de vídeo (5min-40seg), VHS, sonoro, p&b, VV00098. Cinemateca Brasileira.

No ato da entrega, as câmeras do BT estão postas estrategicamente para captar toda a ação de Dona Leonor. São tomadas em plano médio, numa posição superior ao evento filmado, quase um *plongée*, com a intenção de captar o que parece ter sido ensaiado: as crianças vão passando e pegam seus presentes, algumas são advertidas com sinais para que avancem, enquanto outras ganham "tapinhas" nas costas por Dona Leonor e suas assistentes, provavelmente, para que se apressem a fim de que a câmera capte o maior número possível de crianças assistidas. Pois "é preciso passar depressa ou não haverá tempo para todos", justifica o narrador.

"o altruísmo e as virtudes cristãs de amor ao próximo e caridade multiplicam as forças dos soldados desta campanha"... ... dona Leonor e a entrega dos presentes. Bandeirante da Tela nº 415, 1951. Acervo Cinemateca Brasileira.

Após várias sequências de entregas, para "selar" o compromisso da ação social, as câmeras do BT "fecham" em plano geral Dona Leonor caminhado com cerca de dezoito crianças à sua frente, quase todas sorridentes segurando seus presentes, e tendo ao seu lado outras mulheres, provavelmente suas assistentes nas distribuições, "os soldados desta campanha". O movimento se prolonga numa panorâmica que reafirma a imagem da mulher protetora e responsável por toda a ação social, a mãe dos paulistas pobres, aquela que acolhe no "Natal em São Paulo". Mas ao narrar um assistencialismo ocorrido no cenário de uma grande cidade, o discurso cinematográfico, tanto pela intenção como pelo *lapso* de quem organizou a cena, tensiona uma fronteira social: entre todas as crianças escolhidas para "posar" junto a Dona Leonor, curiosamente, nenhuma delas é negra.

Pelo espaço cinematográfico, delimitam-se posições na sociedade, embora as crianças brancas no enquadramento com Dona Leonor também indiquem carência. Para as crianças negras e suas famílias, os espaços representados neste BT são outros: não ao lado de Dona Leonor, mas sentadas na calçada, por exemplo. Estabelecem-se, assim, lugares, e entre eles, uns mais marginais que outros. Onde dona Leonor, representante do "altruísmo e das virtudes cristãs de amor ao próximo e caridade", mesmo sendo a mãe de todos os paulistas, está mais próxima fisicamente de uns que de outros. Destes, aproxima-se enquanto entidade pela idolatria que procura granjear.

Dona Leonor ao centro do enquadramento: as crianças vão à frente. Bandeirante da Tela nº 415, 1951. Acervo Cinemateca Brasileira.

Crianças sentadas no meio-fio abrindo os pacotes recebidos por Dona Leonor. Bandeirante da Tela nº 415, 1951. Acervo Cinemateca Brasileira.

A constatação da grandeza do gesto promovido por Dona Leonor em benefício dos humildes prossegue, pois "até junto de Papai Noel, os pobres precisam de alguém que interceda por eles". E a conclusão, menos pelo que se vê na tela (conforme a cena abaixo) e mais pelo que diz o narrador, é o resultado de uma ação social que tenta sensibilizar o espectador paulista pelo assistencialismo aos mais humildes, que estão

> milionários de satisfação e alegria, apesar de papai e mamãe serem pobres, por isso eles acreditam que exista mesmo o Papai Noel, ou alguém que toma o seu lugar no Natal.

Nesse ano de 1951, tratava-se de uma aposta que vinha somar força ao adhemarismo em ascensão, que acabara de fazer a sucessão no cargo mais importante do Estado.

"... milionários de satisfação e alegria": mulher e crianças após serem contemplados por aquela que intercedeu por eles. Bandeirante da Tela nº 415, 1951. Acervo Cinemateca Brasileira.

Em outro exemplo, uma diferente representação da figura de Dona Leonor foi trabalhada no cinejornal adhemarista. No BT 577[10] (1954) há indícios da outra face do seu assistencialismo: o papel da matriarca. Apesar da perda de informação sonora deste registro – algo que realmente limita a análise de um discurso pensado para acompanhamento da fala –, ainda assim temos a dimensão do ritual que prossegue. O cenário não é mais a cidade de São Paulo, mas uma cidade do interior paulista (talvez Campos do Jordão, a "Suíça brasileira"?[11]), onde as pessoas se aglomeram para também receber presentes. O ritual da entrega segue nos moldes do BT 415: enquadramento com dois planos fixos que se alternam sem deslocamentos de câmera, tentando mostrar o todo da ação de pessoas que passam diante da câmera, apanham seu pacote e saem do enquadramento. Dona Leonor realiza a tarefa com o auxílio de ajudantes:

Bandeirante da Tela nº 577, 1954. Acervo Cinemateca Brasileira.   Bandeirante da Tela nº 577, 1954. Acervo Cinemateca Brasileira.

Abruptamente há um *corte* que desloca a ação para outro contexto. Duas sequências com pequenas panorâmicas em plano americano mostram pessoas "chegando" (amigos, familiares) para o que parece ser uma pequena confraternização. Há mais um corte, que nos leva para um plano geral, em que as pessoas reunidas compõem o seguinte enquadramento: Dona Leonor, ao centro, está cercada por amigos que a brindam. Congratulações pelo seu aniversário ou um brinde pela iniciativa de mais uma ação pelos pobres? Não se sabe, mas é possível que sejam as duas coisas.

Isto se justifica pela a montagem dos planos-sequência que tenta estabelecer um jogo de cenas que se inicia com uma ação social, pois se trata de "Notícias Sociais" como

---

10 *Bandeirante da Tela n. 577*. São Paulo: Divulgação Cinematográfica Bandeirante, 1954. Fita de vídeo (6min-45seg), VHS, mudo, p&b, VV00099. Cinemateca Brasileira.

11 *Cf.* Livreto de músicas "Patrícios e patrícias, para vocês eu vou contar...", *op. cit.*

a cartela de apresentação informa, e termina com uma homenagem à esposa de Adhemar de Barros, que também está presente nestas últimas cenas. A filantropa e a matriarca se mesclam: todos centram atenção em Leonor.

Cartela de apresentação do assunto Notícias Sociais. Bandeirante da Tela nº 577, 1954. Acervo Cinemateca Brasileira.

Adhemar (sentado à esquerda do quadro) e "amigos", entre os quais o importante empresário Assis Chateaubriand (sentado à esquerda de dona Leonor)...

... homenageiam Dona Leonor que é "brindada", estando durante todo o registro no centro do enquadramento. Bandeirante da Tela nº 577, 1954. Acervo Cinemateca Brasileira.

Em mais um exemplo, o BT 416[12] (1951, também sem som), a imagem de Dona Leonor enquanto mulher dedicada ao zelo da família aparece de maneira bastante clara. O cenário é uma reunião entre amigos e familiares numa determinada residência (provavelmente, a da própria família). Entre cortes bruscos assistimos algumas cenas em

---

12 *Bandeirante da Tela n. 416*. São Paulo: Divulgação Cinematográfica Bandeirante, 1951. Fita de vídeo (6min-47seg), VHS, mudo, p&b, VV00048. Cinemateca Brasileira.

primeiro plano de Adhemar de Barros recebendo cumprimentos, pessoas no interior da casa e dona Leonor conversando com algumas delas, além de moças reunidas na sala. Tais tomadas estabelecem para o espectador as pessoas presentes naquele recinto para, depois, concluir com uma cena de Dona Leonor sentada num sofá, em plano médio, tendo à sua direita uma árvore de Natal, ocupando quase todo o enquadramento. A "Homeagem", como apresentado na cartela, termina com uma panorâmica que se inicia em dona Leonor acompanhando pessoas (aparentemente seus convidados) e que se desloca verticalmente para cima, fixando-se num quadro da Virgem Maria com o menino Jesus, em primeiro plano que se mantém por sete segundos. Como as imagens abaixo, que seguem na ordem descrita:

Cartela inicial. Bandeirante da Tela nº 416, 1951. Acervo Cinemateca Brasileira.

Adhemar de Barros sendo cumprimentado enquanto... ... Dona Leonor conversa com os demais presentes. Bandeirante da Tela nº 416, 1951. Acervo Cinemateca Brasileira

 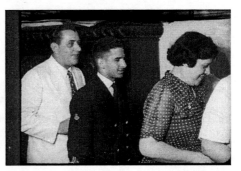

Plano médio de Dona Leonor no sofá e a árvore de Natal à sua direita, seguido por um...

... corte à cena de Dona Leonor acompanhando as pessoas presentes no recinto, numa panorâmica que termina...

... num registro de sete segundos, em primeiro plano, da imagem católica Virgem Maria com o menino Jesus. Bandeirante da Tela nº 416, 1951. Acervo Cinemateca Brasileira

Apesar da dúvida se o acontecimento ocorreu ou não na casa de Adhemar de Barros – uma vez que não temos o som e nenhuma outra indicação a respeito foi encontrada –, o fato de como a notícia se encerra é indicativo da associação que se pretendeu alcançar: Adhemar de Barros e Dona Leonor carregam valores católico-cristãos, ou então, participam de uma comunhão familiar em que se prezam tais valores. E mais: com base na linguagem cinematográfica, pela montagem e os movimentos de câmera, criou-se uma continuidade visual entre Dona Leonor com o quadro na parede. O que parece persistir é o indicativo bem claro da associação entre duas "entidades" que prezam pela santidade do lar e da família: Dona Leonor e a Virgem Maria. A primeira como força política, a segunda enquanto "adorável criatura", assim evocada pelo próprio Adhemar de Barros.[13]

---

13 Cf. Schwarz, Roberto. "Cultura e política, 1964-1969". In: *Cultura e Política*. São Paulo: Paz e Terra, 2005, p. 7-58, p. 23.

Em contrapartida, essa representação de Dona Leonor certamente fortaleceu o paternalismo do líder pessepista, associado que estava – como contraparte de sua esposa – com as qualidades inerentes de um grande pai. E ao participar de inaugurações, visitações a hospitais, escolas e centros de puericultura, Dona Leonor fortaleceu a imagem de um "protagonismo" feminino duplamente positivo. Ou seja, no melhor sentido pequeno-burguês,[14] ligado à dedicação ao lar e ao marido, mas também mesclado à disposição política de uma eterna "primeira-dama".

O próprio líder pessepista esteve presente nos atos de caridade de sua esposa, como consta no BT 679[15] (1954), em uma celebração do aniversário de Dona Leonor em Campos do Jordão. Em alguns momentos deste cinejornal, é Adhemar de Barros quem aparece distribuindo presentes, como explica o narrador: "Doutor Adhemar colabora nessa tarefa humanitária e filantrópica", em que a "alma dos adultos também sabe notar as demonstrações de solidariedade humana dos bons". Caberia a pergunta: não seria a alma do eleitor quem deveria saber notar as manifestações de solidariedade "dos bons"?

Adhemar participando da caridade promovida por sua esposa. Bandeirante da Tela nº 679, 1954. Acervo Cinemateca Brasileira.

Constrói-se, pouco a pouco, pelos detalhes, uma proximidade do tipo em que se valoriza o "homem honrado" e a "moça direita" cujo devir é a instituição do lar e da família.[16]

---

14 De uma pequena burguesia enquanto segmento mais afeito ao adhemarismo. Cf. Weffort, Francisco. *O Populismo na Política Brasileira*, op. cit., p. 31.

15 *Bandeirante da Tela n. 679*. São Paulo: Divulgação Cinematográfica Bandeirante, 1955. Fita de vídeo (7min), VHS, mudo, p&b, VV00099. Cinemateca Brasileira.

16 Seguindo, inclusive, estereótipos trabalhados pelo cinema narrativo clássico, com forte presença no cenário paulista do início do século XX. Segundo aponta Rubens Machado Jr., tratava-se do "'homem honrado' [que] encontra na 'moça direita' o tipo complementar, cujo devir é a instituição do lar e da família". Cf. Machado Jr., Rubens L. *São Paulo em Movimento – a Representação Cinematográfica da Metrópole nos Anos 20*. Dissertação

É a transposição de hábitos privados e cristãos para o discurso político, baseado no homem público e na sua eterna companheira, primeira-dama, muito embora, naquela ocasião, Adhemar de Barros não fosse mais governador.

Voltando ao BT nº 679 (1954), Adhemar de Barros acompanhou Dona Leonor, que aniversariava, em visitas aos hospitais para tuberculosos, onde se dedicava às ações assistencialistas pelo interior paulista, naquela notícia, na cidade de Campos do Jordão. Após algumas tomadas de Dona Leonor, acompanhada de outras mulheres carregando presentes, ela parece percorrer vários corredores, adentrar e sair de vários leitos, numa clara continuidade visual criada pelo dispositivo da montagem cinematográfica. Tais "entradas" e "saídas" dos quartos, passadas repetidamente, dão a impressão de agilidade na visitação dos pacientes que, pelo arranjo das sequências, acabaram não sendo poucos os "contemplados" pela visita. Além disso, a montagem sugere claramente que aquelas imagens se somam a todas as outras visitações. Para dar um sentido àquelas cenas, anuncia o locutor:

> como todos os anos doutor Adhemar e dona Leonor visitaram os hospitais da Bandeira Paulista, contra tuberculose e outros nosocômios e maternidades distribuindo presentes.

Ainda que nestas cenas iniciais a presença de Adhemar de Barros inexista, ela é sustentada pela fala do narrador. Contudo, a mensagem foi comunicada ao espectador: o político participa ao lado da esposa nas várias visitas realizadas aos doentes.

Dona Leonor e "assistentes" visitam vários "hospitais da Bandeira Paulista contra tuberculose e outros nosocômios e maternidades", Adhemar de Barros não aparece. Bandeirante da Tela nº 679, 1955. Acervo Cinemateca Brasileira.

---

de Mestrado apresentada ao Departamento de Cinema, Rádio e Televisão da Escola de Comunicações e Artes da Universidade de São Paulo, São Paulo, 1989, p. 91.

Na cena seguinte, a ação acontece no interior de um leito hospitalar. Adentram o recinto Adhemar de Barros, acompanhado de "autoridades" masculinas, tendo à sua frente mulheres, num plano americano que valoriza a presença física do político na composição espacial dos elementos dispostos no enquadramento. As mulheres, cujas estaturas e a própria condição feminina oferecem proeminência à figura masculina de Adhemar de Barros, reforçam, pode-se dizer, uma valorização paternal e protetora. O político que adentra o recinto solene, pois se trata de um leito hospitalar, o faz num gesto protetor de quem "olha" por aquelas mulheres, que ao mesmo tempo parecem "anunciá-lo" ao abrir passagem para ele. Nisso, o crucifixo pregado na parede, ao fundo, reforça a aura daquele momento em que alguém – Adhemar de Barros no caso – chega para praticar o bem.

Plano americano de Adhemar adentrando leito hospitalar, numa composição...

... que valoriza a sua presença. Bandeirante da Tela nº 679, 1955. Acervo Cinemateca Brasileira.

Ali, supõe-se, o casal dedica especial atenção às pacientes internadas. Entre enquadramentos em plano médio e plano americano, Adhemar de Barros aparece em pé, ao lado esquerdo da cama com a paciente, numa postura de quem a observa – sugerindo mais do que um simples acompanhante naquela visita. Ao lado direito do enquadramento, Dona Leonor oferece um afago carinhoso à moça que está na cama, e que parece pouco confortável com a situação, encabulada, talvez, na medida em que ela quase não olha para Adhemar de Barros. Num corte para outra cena, segue a ação no claro sentido de indicar a continuidade do gesto de Dona Leonor, que é igualmente afável com outra paciente:

Bandeirante da Tela nº 679, 1955. Acervo Cinemateca Brasileira.

Continuação da sequência: "Doutor Adhemar" e Dona Leonor dedicam atenção e solidariedade. Bandeirante da Tela nº 679, 1955. Acervo Cinemateca Brasileira.

Mais que um mero coadjuvante nas atividades sociais de sua esposa, Adhemar de Barros significa algo a mais. O fato de ser médico parece compor com a construção discursiva em que o político ali presente não se esquece, jamais, das tarefas condizentes à sua formação primeira: a missão de "clinicar", outro precioso apelo à aposta de criar mais laços de afetividades com público. Mas, não estaria a moça encabulada diante do *doutor* Adhemar, que se manifesta humana e solidariamente pelos ambientes em que passa?

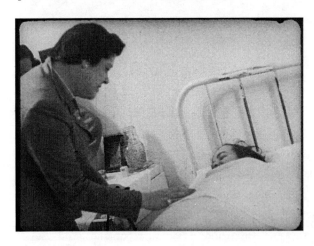

A ação caridosa de Dona Leonor com a paciente, num privilegiado enquadramento de câmera. BT, 1955. Bandeirante da Tela nº 679, 1955. Acervo Cinemateca Brasileira.

Figura importante, o médico era crucial para a família. Dos cuidados com a manutenção do corpo e da vida aos conselhos sobre a vida conjugal, a educação dos filhos e a orientação psicológica,[17] a imagem do doutor transmitia, no mínimo, uma postura de

---

17 Novais, Fernando e Mello, João Manuel Cardoso de. "Capitalismo tardio e sociabilidade moderna". In: *História da Vida Privada no Brasil: Contrastes da Intimidade Contemporânea*. Novais, Fernando (coord.); Schwarcz,

alguém confiável e ético. Tanto para aqueles que tinham acesso a esse profissional, classes média e alta, como aqueles que raramente o consultavam, as camadas mais populares, e que por esta mesma razão o respeitava.[18] Portanto, numa sociedade mediada por uma hierarquia de níveis profissionais, as *distinções* – diferenças inscritas na própria estrutura do espaço social – atribuídas ao papel de médico, colocava Adhemar de Barros no topo de uma pirâmide de valores socialmente aceitos. Outro exemplo, portanto, de uma chave discursiva presente no adhemarismo: "Doutor Adhemar", médico preocupado com a saúde do povo paulista, que nas visitas aos doentes tuberculosos em leitos hospitalares buscava a "conexão" com suas realizações nessa área, como a maior de todas elas: o Hospital das Clínicas, "um dos maiores do mundo".[19]

Outros caminhos foram tentados para uma aproximação com o público paulista, como nas manifestações de carisma enquanto tentativa de convencimento do espectador pela demonstração da "força" do adhemarismo. O BT 501[20] (1952) é exemplar neste aspecto, ao registrar o retorno de Adhemar de Barros e Dona Leonor a São Paulo, após quatro meses de viagem pela Europa. Em pouco menos de seis minutos, temos o registro de um percurso nesta ordem: o desembarque no Rio de Janeiro, a recepção em São Paulo, no aeroporto de Congonhas, o discurso em palanque montado no mesmo local e o seu deslocamento e recepção por amigos, correligionários e familiares na residência do casal. Quatro "blocos", assim divididos, que claramente constroem um discurso cujo objetivo foi manter em evidência a figura do político, ou melhor, o capital político daquele que o Brasil "recebe com alegria" após "uma viagem de vários meses da Europa".

Na aterrissagem no Rio de Janeiro, o narrador prepara o cenário, como nas falas acima, para uma rara manifestação de popularidade que será mostrada. Num ambiente reservado, uma tomada em plano médio mostra Adhemar de Barros cercado por sete pessoas que tomam nota da sua fala. Tal cena realmente demonstra uma entrevista, mas nada comparado a algo maior, como sugere o narrador que informa tratar-se de uma "entrevista concedida à imprensa brasileira na capital federal". Soma-se a isso a própria composição do enquadramento de câmera que, ao dispor sete pessoas em volta do político, indica o recorte para um número provavelmente bem maior de pessoas da "imprensa brasileira" que o cercam. Igualmente interessante é o uso da fala para criar imagens que não estão na tela,

---

Lilia Moritz (org.). São Paulo: Cia. das Letras, 1998, p. 559-658, p. 588.

18   *Ibidem.*

19   Livreto de músicas "Patrícios e patrícias, para vocês eu vou contar!...", *op. cit.*

20   *Bandeirante da Tela n. 501.* São Paulo: Divulgação Cinematográfica Bandeirante, 1952. Fita de vídeo (7min-56seg), VHS, sonoro, p&b, VV00098. Cinemateca.

num claro reforço à composição de uma atmosfera de comoção. Por exemplo, ao informar sobre um "vedado acesso a todas as pessoas" que vêm trazer os cumprimentos ao político que retornara, no instante momento em que não há imagens destas ações. Nesse sentido, "todas as pessoas" existem apenas na fala do narrador, numa exultante interpretação do evento, a bem dos interesses de quem o produziu.[21]

"entrevista concedida à imprensa brasileira na capital federal". Bandeirante da Tela nº 501, 1952. Acervo Cinemateca Brasileira.

Em um segundo momento, quando da sua chegada em São Paulo, há a maior manifestação de prestígio adhemarista vista nas edições ainda existentes do BT. O ano é 1952 e, considerando a trajetória política de Adhemar de Barros, ainda se trata de um momento ascendente, sem maiores reveses – e um ano antes da chegada de Jânio Quadros. Contudo, a euforia anunciada pelo narrador sobre uma cidade que se "preparava para receber o grande líder populista" traz elementos importantes para se pensar uma aposta de convencimento pelas imagens cinematográficas. Em várias cenas, o que se vê é uma cidade completamente mobilizada: trânsito intenso de automóveis, veículos (carros, caminhões e ônibus) enfeitados com faixas adhemaristas, e concentração de pessoas em parapeitos de viadutos por onde passaria o carro de Adhemar de Barros. A montagem dos planos isolados garante a verossimilhança para com uma manifestação espontânea da população em razão da chegada do "líder populista". Entretanto, tal mobilização popular nas ruas da capital paulista não parece ter sido tão espontânea, se comparada a uma visita de Getúlio Vargas a São Paulo em 1951, noticiada pelo CJI.[22]

---

21   Vale lembrar, um recurso bastante usual da narração em cinejornais. *Cf.* Reisz, Karel e Millar, Gavin. *A Técnica da Montagem Cinematográfica; op. cit.*, p. 195.

22   Trata-se do ultimo segmento "São Paulo - Presidente da República inaugura a XVIII Exposição de Animais e Produtos Derivados". *Cf. Cine Jornal Informativo* V. 2 N. 030. Rio de Janeiro: Agência Nacional, 1951. Fita de

UM BANDEIRANTE NAS TELAS

Neste registro, os espaços e as tomadas de câmera, com imagens de manifestações públicas pelas ruas, serviram claramente de exemplo ao BT.[23] Se Adhemar de Barros já não ocupava cargos no executivo, era preciso manter para o adhemarismo, ao menos, a mesma chave grandiloquente conquistada vista no teatro varguista.

Balões em formato de zepelim, carros com bandeiras do estado de São Paulo, ônibus com motivos adhemaristas, caminhão com a caçamba enfeitada de faixas, entre outras coisas. O precário improviso destas imagens denuncia o ensaio prévio à tomada daquelas cenas, sobretudo em circunstâncias comumente presentes na produção de cinejornais como, por exemplo, o pouco tempo para finalização e a economia de negativo.[24] Aqui, essa pressa[25] se confirma quando se assiste um conteúdo sem transições mais "suaves" entre seus planos-sequencia,[26] e o que se vê é quase um copião (material bruto) que compromete tal representação cinematográfica. A pretensa naturalidade ficou exposta justamente na tentativa de efetivar-se em signos do cotidiano, como nos ônibus enfeitados e no caminhão adhemarista com faixas seguras por pessoas que a todo o momento olham para a câmera, praticamente cumprindo um roteiro. Deste modo, o próprio processo cinematográfico utilizado no BT coloca em xeque a proximidade destes "populares" com Adhemar de Barros e pairam dúvidas se realmente as pessoas partiram do Anhangabaú em "conduções de toda espécie" até o aeroporto de Congonhas, ou que "na nova ponte do Ibirapuera" as filas de automóveis foram aumentando com o crescente tráfego que "desde meio-dia levava gente a Congonhas":

---

vídeo (8min34seg), VHS, sonoro, p&b, EH/FIL.0005. Arquivo Nacional, Rio de Janeiro - RJ.

23   A comparação entre o BT e o CJI foi o tema da comunicação "O ritual do poder na tradição do cinejornal", apresentada em *Os Espaços da Política nos Cinejornais*, ocorrido a 12 de dezembro de 2009, *op. cit.*

24   *Cf.* Reisz, Karel e Millar, Gavin. *A Técnica da Montagem Cinematográfica*, *op. cit.*, p. 189.

25   Máximo Barro, profissional de cinema nos anos de 1950, descreve as condições gerais de trabalho, citando uma produtora de cinejornais: "a *Campos Filmes* só vivia do jornal. O laboratório, o 'estudiozinho' dela, era uma coisa diminuta num primeiro andar de um prédio que ainda existe hoje, do mesmo jeito, na Rua do Triunfo. E era tão precário que, às vezes, você passava por volta do meio-dia lá e eles estavam secando os filmes na calçada por causa do sol. O equipamento dele não tinha a velocidade para secar e às 14h00 o filme tinha que estrear no Cine Marrocos (informação verbal)". Barro, Máximo. Entrevista concedida ao autor. *op. cit.*

26   Reisz, Karel e Millar, Gavin. *A Técnica da Montagem Cinematográfica*; *op. cit.*, p. 190, 199.

A bandeira paulista e propaganda adhemarista no capô. Carro preparado para receber Adhemar. Embora a sequência seguinte não comprove o trânsito intenso em razão da homenagem, uma vez que os carros caracterizados aparecem isolados, em ruas sem muito movimento...

... enquanto a panorâmica sobre o trânsito não revela carros enfeitados. O "dado verossímil" para o convencimento vem de uma faixa estrategicamente colocada no término do movimento da câmera que mostrou automóveis reunidos. Bandeirante da Tela n° 501, 1952. Acervo Cinemateca Brasileira.

Pessoas na caçamba de um caminhão segurando faixa: participação espontânea? Bandeirante da Tela n° 501, 1952. Acervo Cinemateca Brasileira.

Mais do cotidiano: populares em coletivos "participando" de uma grande homenagem. Bandeirante da Tela n° 501, 1952. Acervo Cinemateca Brasileira.

Nos céus da capital paulista, um balão em formato zepelim saudando Adhemar, enquanto nas ruas, o povo "improvisa", segundo o BT, para festejar o...

...retorno do grande "líder populista". Bandeirante da Tela n° 501, 1952. Acervo Cinemateca Brasileira.

À mescla da política com o cotidiano pelo uso da imagem e do som, temos uma montagem com cenas de coletivos, automóveis, ruas, avenidas e locais conhecidos pelo público, bem como uma narração estabelecendo lugares para estes elementos dentro do evento. Uma realidade construída com ingredientes próprios do cotidiano.

No aeroporto de Congonhas, as imagens mostram o governador Lucas Nogueira Garcez e esposa à espera de Adhemar de Barros e Dona Leonor, que aterrissam às "16h30". Um ritual que se inicia com bastante proximidade ao das películas getulistas como no CJB e no CJI, em que uma comitiva aguarda o líder que chega num avião e acena ao povo em solo firme. Mas, a partir daí, o BT caminha por outra chave de relacionamento do "líder" com as massas.

Presidente Getúlio Vargas em suas visitas a bordo do avião presidencial da FAB. Cine Jornal Brasileiro nº 180, 1943. Acervo Cinemateca Brasileira.

Nos moldes getulistas, Adhemar "voa no seu Catalina rumo a São Paulo". O político que regressa também tem o seu avião. Bandeirante da Tela nº 501, 1952. Acervo Cinemateca Brasileira.

"Restringiu-se o acesso a pista" nos informa o narrador. Porém, "para abraçar o amigo" grande quantidade de "autoridades, pessoas da família e elementos destacados da política e da administração estadual, acercam-se do avião". Enquanto uma panorâmica em plano geral "varre" o espaço ocupado no aeroporto, informando o espectador da massa ali presente, a sequência prossegue com inserções do governador Lucas Nogueira Garcez e demais pessoas (impossível sua identificação) envolvidas num "tumulto", algo reforçado pela câmera, que se movimenta bruscamente, cercada e posicionada à altura das pessoas filmadas. Enquanto o próprio governador parece demonstrar desconforto ao ser empurrado pelas pessoas que "esquecendo-se da calma" diante do "júbilo que de todos se apossa" ao rever Adhemar de Barros, assim procedem.

Não se sabe se, de fato, a panorâmica da multidão corresponde à grandiosidade do evento, tampouco se o plano geral mostra pessoas reunidas espontaneamente, sem quaisquer motivos que não homenagear o líder pessepista. Todavia, a continuidade no discurso cinematográfico, com tomadas favorecidas pela disposição da massa num dado instante, dá corpo a surpreendente demonstração de carisma.

"Dona Leonor é cumulada por respeitosa admiração por dona Carmelita Garcez [atrás, à sua esquerda] e todos os presentes". Bandeirante da Tela nº 501, 1952. Acervo Cinemateca Brasileira.

Nesse ponto, o ritual adhemarista se distancia, por exemplo, das manifestações getulistas ocorridas em datas comemorativas e em cenários estratégicos, como nos estádios de futebol, com arquibancadas lotadas, onde era possível "conter" a massa de forma a pré-estabelecer o melhor a ser registrado pelas câmeras, ou os espaços das fachadas dos prédios públicos igualmente cheios. No BT a perspectiva de convencimento político na *mise-en-scène* é outra, pois Adhemar de Barros não está acenando de um palanque num estádio ou da sacada de um prédio oficial: ele está literalmente no meio da massa, como quer as câmeras do seu cinejornal. E em meio a ela tenta chegar até o palanque onde fará um "colóquio amigo com a multidão que o recebia".

Lugares estratégicos como a fachada de algum prédio oficial. Getúlio Vargas acima e sobre a massa no Palácio Tiradentes, no Rio. Cine Jornal Brasileiro nº 25, 1943. Acervo Cinemateca Brasileira.

Ou espaços "controladores" da massa como estádios de futebol, com grande concentração. Estádio São Januário, Rio. Cine Jornal Brasileiro nº 121, 1942. Acervo Cinemateca Brasileira.

UM BANDEIRANTE NAS TELAS

A câmera do BT, numa panorâmica em grande plano geral da esquerda para a direita, "varre" o espaço dando ao espectador uma dimensão do evento numa continuidade visual, pela montagem, estendida até Adhemar de Barros ...

... que, no caminho ao palanque, é completamente envolvido pela massa a ponto de não o identificarmos nas imagens: "uma prova de sua popularidade que o povo transmite em suas aclamações e vivas". Bandeirante da Tela nº 501, 1952. Acervo Cinemateca Brasileira.

"Visitei uma dúzia de países na Europa em viagem de estudos e tive a oportunidade de verificar o muito que aí se faz e que pode interessar à nossa terra". Bandeirante da Tela nº 501, 1952. Acervo Cinemateca Brasileira.

No melhor estilo de quem goza de uma "popularidade que o povo transmite em suas aclamações e vivas", Adhemar de Barros vai até à massa, numa sequência composta por imagens que o mostram sendo levado por uma correnteza de pessoas, algo intensificado por uma simplória aceleração da projeção e o uso do som adicional de aclamações ao fundo, do tipo "Adhemar! Adhemar!", adicionados na montagem do registro para criar um reforço à atmosfera predominante no trecho.[27] Quase não se identifica o político, que é engolido pelas pessoas que o cercam. Porém, mais uma vez, cabe questionar se esse ritual do líder que a massa carrega não seria possível apenas no BT. Nada garante, por exemplo, que aquelas pessoas que o envolvem e quase o impedem de chegar ao carro, que o conduzirá à sua residência, não são seus correligionários. Da mesma forma, haveria real continuidade com a concentração de pessoas anteriormente mostrada nas imagens em plano geral e a "multidão e milhares de pessoas" que o aguarda na saída do aeroporto?

Adhemar de Barros sobe até o palanque, discursa, desce e só encontra dificuldades para se locomover. E numa clara construção cinematográfica que conduz o espectador dentro de um ritual do poder, continuam os gritos de "vivas" ao político que, em meio a aquela comoção, ainda encontra disposição para um "colóquio amigo" com a massa que continua gritando "Adhemar! Adhemar!", como nos informa o narrador ao fazer suas as palavras de Adhemar de Barros:

> Visitei uma dúzia de países na Europa em viagem de estudos e tive a oportunidade de verificar o muito que aí se faz e que pode interessar à nossa terra.

Novamente, seguem sequências do político empurrado pela "multidão", mas numa composição de imagens que tensiona a veracidade pretendida, pois são *takes* idênticos aos anteriormente mostrados na chegada ao Rio de Janeiro. O que, para um olhar mais atento – talvez não aquele dispensado pelo espectador na sala de cinema –, é um claro indicativo da construção, falha, da narrativa no artefato fílmico, uma "segunda realidade" por assim dizer.[28] Soma-se a isso um campo visual delimitado pelo enquadramento em plano geral, restrito à ação que ocorre naquele espaço pré-estabelecido no roteiro de um ritual a ser filmado e exibido no cinema. Cria-se, enfim, o discurso sobre alguém bastante querido, aguardado por muitos, que desce "para junto do povo". E, a partir de uma viagem particular, tem-se o mote para articular a ideia do político popular, empreendedor e esclarecido, que vai buscar soluções em outros contextos porque quer investir em sua terra.

---

27   *Ibidem*, p. 191.

28   Como apontado na trama do registro fotográfico. *Cf.* Kossoy, Brois. *Realidades e Ficções na Trama Fotográfica, op. cit.*, p. 37.

UM BANDEIRANTE NAS TELAS

Uma panorâmica em ritmo acelerado de projeção mostra Adhemar que desce "para junto do povo". A câmera delimita um trajeto pelo seu enquadramento, mostrando somente aqueles que o "carregam". Seriam correligionários? Bandeirante da Tela nº 501, 1952. Acervo Cinemateca Brasileira.

Adhemar vai até as massas...

... e num esforço quase hercúleo, tenta abrir caminho entre aqueles que o idolatram...

... que o envolve em "milhares de abraços", porém dificultando o caminho até o carro...

... que o levará à sua residência. Bandeirante da Tela nº 501, 1952. Acervo Cinemateca Brasileira.

Ao estilo das autoridades oficiais, "as sereias abrem caminho". Um olhar atento revela não se tratar de uma escolta oficial, mas motocicletas com propagandas adhemaristas. Um elemento a mais para representar uma convenção digna de chefe de estado. Bandeirante da Tela nº 501, 1952. Acervo Cinemateca Brasileira.

No último ato deste registro no BT 501, o discurso enviereda por uma estratégia de convencimento baseada na legitimidade e no compromisso que os laços afetivos (subtendidos em valores como a família) podem representar. A harmonia do lar de Adhemar de Barros e Dona Leonor, por vezes mostrada ao espectador, é um convite para, da sala escura do cinema, adentrar a residência do homem público. Um reforço ao aspecto de sinceridade no discurso adhemarista, contrapondo às acusações de conduta ilícita que o líder pessepista lidou durante sua vida política. As manifestações de carinho e afeto começam antes mesmo de entrar na casa. No quintal de sua residência, demonstrações de respeito e devoção extremas ao "casal que despertou saudades durante os quatro meses em que esteve ausente do país": atitudes como uma criança "graciosa e adorável" de seis ou sete anos, que em toda a sua "espontaneidade" recita uma "feliz saudação" a "Doutor Adhemar"; que só não é superada pelo exagero de um político "taumaturgo" que o olhar mais atento revela, na rápida tomada de uma mulher que beija a mão de Adhemar de Barros.

O carinho "espontâneo" de uma criança que recita com dedo em riste algo certamente decorado, da pilastra de um muro em que foi colocada e uma deferência digna de autoridade episcopal ou paterna que concede a benção e a aprovação. Tais passagens tentam corresponder a um imaginário coletivo que preza, por exemplo, a inocência infantil enquanto manifestação legítima (tanto quanto a reciprocidade de Adhemar de Barros para com as crianças), assim como a demonstração de respeito incondicional, na proporção merecida por aquele que a recebe. Elementos que foram incorporados ao teatro adhemarista, compactuando com a atmosfera de veracidade que se pretendeu ao momento registrado pelas câmeras do BT.

UM BANDEIRANTE NAS TELAS

No quintal de casa, Adhemar é recebido por amigos e correligionários...

... e entre tantas manifestações de carinho, uma criança "graciosa e adorável na sua espontaneidade"...

... para alegria do político e os demais presentes...

... "recita feliz saudação a Doutor Adhemar e Dona Leonor". Bandeirante da Tela nº 501, 1952. Acervo Cinemateca Brasileira.

Deferência e respeitabilidade em proporções exageradas? Mas, nas imagens do BT, algo merecido por aquele que a recebe. Adhemar de Barros é reverenciado com algumas demonstrações de respeito e devoção extremas. Bandeirante da Tela nº 501, 1952. Acervo Cinemateca Brasileira.

E os cumprimentos continuam, mais uma vez, na composição estabelecida pela mescla do público (o político) com o privado (laços de família e amizade). Elementos de convencimento pela linguagem do cinema são destilados, por exemplo, numa tomada em primeiro plano de Adhemar de Barros abraçado com os netos. O registro destas ações nas telas é, em si, notícia,[29] pois aglutina num único gesto o homem do lar e da família (o pai e o avô). E capitaliza sobre a face privada do homem público, o político, para aproximá-lo das pessoas comuns, do eleitor por assim dizer.

Num único gesto, o homem público se aproxima do espectador pela exposição de sua face privada: Adhemar abraçando filhos e netos. Bandeirante da Tela nº 501, 1952. Acervo Cinemateca Brasileira.

Na mesma medida, a política se traduz em relações de compadrio quando vemos o "casal Garcez", governador e primeira-dama, no interior da residência de Adhemar de Barros e Dona Leonor, cumprimentando-os. Mais do que uma amizade ou aproximação entre correligionários, tem-se um "ritual do poder", como na ocasião da transmissão de cargo e posse de Lucas Nogueira Garcez por Adhemar de Barros, ocorrida quase que nos moldes de uma *investidura*.[30] Mas no BT 501, parece estar presente muito mais que a ideia de continuísmo de um projeto político: temos o apadrinhado e esposa que acompanham, por respeito ou por dívida, o homem que os colocou na política, desde as cenas no aeroporto de Congonhas até a sua sala de estar.

---

29   Nos cinejornais espanhóis da série *No-Do*, por exemplo, o próprio Franco trabalhou a vertente do chefe de Estado sem esquecer-se da figura do pai de família, do avô com os seus netos. Sánchez-Biosca, Vicente. *Cine de Historia Cine de Memória, op. cit.*, p. 50.

30   Como analisado por José Inácio de Melo e Souza, numa tradição de rituais do poder em cinejornais. *Cf.* Souza, José Inácio de Melo. "Eleições e Cinema Brasileiro…", *op. cit.*, p. 161.

Governador Garcez no aeroporto de Congonhas para recepcionar Adhemar num "ritual de poder" em que o chefe do executivo estadual e a primeira-dama...

... demonstram reverência e amizade ao frequentar a casa daquele que os trouxe à cena política. Bandeirante da Tela nº 501, 1952. Acervo Cinemateca Brasileira.

Para finalizar o percurso dessa insólita manifestação de carisma, o BT registra várias tomadas em plano médio dos anfitriões recebendo felicitações no interior da casa, entremeando tomadas de Adhemar de Barros no lado de fora, pois sua presença foi "solicitada novamente no exterior de sua residência", onde "manifestações se renovam intercalando-se aos cumprimentos dos amigos". Assim termina o cinejornal que começou com o retorno de uma viagem particular à Europa, passando pela comoção que mobilizou uma cidade inteira para a recepção preparada por correligionários e amigos, e chegando à concentração num espaço familiar, onde é dado ao espectador conhecer um pouco mais da privacidade do "líder populista". Nesse sentido, as câmeras do BT incorporaram cenários distintos à política, ao enfatizar tanto espaços públicos do cotidiano quanto detalhes do espaço privado de um político que, da sacada de uma janela em sua casa, como que um vizinho que fala aos amigos, ainda recebe homenagens dos partidários que carregam cartazes de propaganda gigantes, provavelmente parecidos com aqueles *"retratões, de mais de um metro"* do fanático adhemarista do conto de Marcos Rey.[31]

---

31 Rey, Marcos. "O Adhemarista", *op. cit.*, p. 206.

Finalizando, o "casal que despertou saudades" agradece da janela de sua casa. Bandeirante da Tela n° 501, 1952. Acervo Cinemateca Brasileira.

As apostas contidas no discurso adhemarista até comportam uma estrutura montada, obviamente, para sustentar a imagem do líder pessepista colocando-a em evidência dentro de uma variedade de possibilidades. Ora tentando ocultar inimigos políticos,[32] ora colocando-a como figura atuante na cena política, ainda que não estivesse exercendo cargos eletivos. E até mesmo "forçando" uma importância para Adhemar de Barros nas ocasiões em que o mesmo havia sido um mero convidado,[33] como no exemplo, também registrado no BT 501 (1952), do "II Congresso dos Municípios Brasileiros", realizado em São Vicente, SP. Neste evento, figuras importantes do cenário político paulista e nacional estão presentes, como Lucas Nogueira Garcez e o próprio Getúlio Vargas. Numa rara oportunidade em confrontar as mesmas notícias, este episódio registrado pelo CJI possui enfoques distintos dos que foram dados no BT. Neste, Adhemar de Barros é personalidade ilustre que compõe, em grau de importância, com o presidente da República e o governador do Estado. No CJI, embora sem a informação sonora, ele aparece numa rápida tomada e um tanto controverso, rindo para a câmera.

---

32 Como Jânio Quadros, que aparece uma única vez em nossas sistematizações (no BT 674 de 1955). Para alguém que ocupou o palácio dos Campos Elíseos em 1955, sua presença é bastante reduzida. No catálogo da CB, existem quatro ocorrências para Jânio Quadros, embora sem confirmação de sua presença física. Cf. Cinemateca Brasileira, *Bandeirante da Tela*, op. cit.

33 *Bandeirante da Tela n 501*. São Paulo: Divulgação Cinematográfica Bandeirante, 1952. Fita de vídeo (7min56seg), VHS, sonoro, p&b, VV00098. Cinemateca Brasileira; *Cine Jornal Informativo v. 3, n. 35*. Rio de Janeiro: Agência Nacional, 1951. Fita de vídeo (8min40seg), VHS, sonoro, p&b, Arquivo Nacional, Rio de Janeiro – RJ.

Da direita para esquerda, uma panorâmica se inicia com o presidente Getúlio Vargas...

... seguindo para o governador Lucas Nogueira Garcez e cortando para a inserção de uma plateia...

... composta por "deputados, senadores, representantes de vinte estados e dois mil e quinhentos delegados credenciados, [que] tomam parte do conclave"...

..."ao qual comparece também o senhor Adhemar de Barros" que "finaliza" as apresentações importantes. Bandeirante da Tela nº 501, 1952. Acervo Cinemateca Brasileira.

    Outro fator presente à composição da mensagem adhemarista criada para o cinema foi o trato com a "vida religiosa" traduzida em valores cristãos católicos. Os BT 669[34] e 674,[35] ambos de 1955, são exemplos. Em "Fatos do Momento" (BT 669) a notícia começa com dois enquadramentos, um em plano médio com quatro senhoras e, em seguida, um plano mais "fechado" com três crianças. Nos dois planos, mulheres e crianças exibem para a câmera souvenirs religiosos: garrafinhas com as imagens de N. S. Aparecida e "medalhinhas" do "Padre Lima". A narração do BT informa que os "milagres de Tambaú [foram] conseguidos com a interseção do Padre Lima à Virgem Maria", e que, tal fato "repercutiu no Brasil inteiro"; na sequência, são mostradas filas "diante da Rádio Nacional de São Paulo". Ainda pela informação do narrador, sabe-se que os fiéis que ali estavam para receber as garrafinhas mostradas anteriormente, e

---

34   *Bandeirante da Tela n. 669*. São Paulo: Divulgação Cinematográfica Bandeirante, 1955. Fita de vídeo (7min), VHS, sonoro, p&b, VV00099. Cinemateca Brasileira.

35   *Bandeirante da Tela n. 674*. São Paulo: Divulgação Cinematográfica Bandeirante, 1955. Fita de vídeo (5min-24seg), VHS, sonoro, p&b, VV00099. Cinemateca Brasileira.

que são especiais porque revelam, às vezes nitidamente, a imagem da Virgem Maria em seu interior. As próximas sequências mostram outras filas que se estabeleceram em algumas "casas comerciais", para que fosse entregue aos fiéis imagens benzidas da "Padroeira do Brasil" e do Padre Lima. Tais tomadas são registradas em planos fixos, compostos por uma alternância entre plano geral e cenas rápidas em primeiro plano. Algo muito parecido com a ensaiada entrega de presentes por Dona Leonor, mostrada anteriormente: a pessoa recebe e sai do campo de visão da câmera. E como habitual no BT, a *voz over* reforça a montagem integrando sequências numa continuidade de sentido ao espectador: "a distribuição formou filas extensas, mostrando que o sentimento de religião dos paulistanos ainda está desperto".

Na elaboração de um registro que aproxima religiosidade às pessoas, são vários os "tipos" que aparecem na entrega dos objetos. Cria-se, assim, uma suposta "galeria" de tipos paulistanos, de diferentes camadas sociais, representadas por cada devoto que passa pelo campo visual da câmera. Sejam eles senhoras com pacotes, mães com criança de colo, rapazes engravatados, moças de *tailleur*, pessoas humildes, adolescentes de calças-curtas, crianças acompanhadas dos pais, homens e mulheres de meia idade etc. Todos ali unidos pela fé cristã e católica.

Ou seja, um traço latente da cidadania paulista e que um "fato do momento" (cartela inicial) é capaz de trazer a tona. Algo propício num discurso que lida com toda uma coletividade de pessoas em ano de eleições presidenciais. E que pelas imagens veiculadas num cinejornal reconhecidamente ligado ao candidato Adhemar de Barros, tenta atrair essa mesma coletividade com caras e rostos tirados do seu cotidiano. Na provável intenção de alimentar a esperança do eleitorado potencialmente descrente no PSP e em seu líder,[36] apostando na fé quando "são muitos que acreditam em milagre, mesmo nos dias de hoje", conclui a notícia o narrador.

Cartela inicial noticia um fato do momento... ... começando por um plano médio com mulheres e crianças que...

---

36   Como mencionado anteriormente, em 1955, ambos (Adhemar de Barros e o PSP) não viviam um bom momento diante das circunstâncias políticas.

... exibem para as câmeras a sua devoção católica...

... seguido pelo detalhe em primeiro-plano...

... dos objetos benzidos que serão entregues e...

... que marcam a religiosidade de uma sociedade...

... que aparece nas imagens do BT desfilando...

... uma galeria paulistana de tipos. Bandeirante da Tela nº 669, 1955. Acervo Cinemateca Brasileira.

A composição das cenas, e mesmo os espaços usados para a captação das imagens, deixam pistas sobre a estratégia utilizada na montagem do discurso adhemarista no cinema. Pode-se pensar, por exemplo, se tais registros não foram realizados com base no movimento diário daquelas lojas de roupas e tecidos, que se nota pelas prateleiras dispostas ao fundo, bem como o trânsito típico das ruas movimentadas, provavelmente centrais, porque abrigam casas comerciais. Produzir um registro cinematográfico em meio a pontos de muita concentração de pessoas talvez tenha sido a solução para a possível ausência de devotos para compor o teatro filmado. Igualmente esclarecedora da ensaiada entrega dos objetos religiosos, é a curiosidade com que os "fiéis" olham para a câmera. Fé, curiosidade diante da câmera cinematográfica, ou mesmo vontade de se ver no cinema? Fato é que a devolução do olhar é certa. Praticamente todos olham para as lentes antes de saírem do campo visual, quase cumprindo um roteiro ou orientação, como nas cenas abaixo:

Rua movimentada em São Paulo: o começo da concentração de fiéis que fazem fila nas casas comerciais...

... para conseguir uma imagem milagrosa de N. S. Aparecida. Bandeirante da Tela nº 669, 1955. Acervo Cinemateca Brasileira.

Pessoas retiram suas imagens...

... e olham para câmera...

... ali posicionada esperando cada um que passa. Ou cada um que passa... ... espera ser filmado pela câmera? Bandeirante da Tela n° 669, 1955. Acervo Cinemateca Brasileira.

Ainda na esfera da religiosidade, o BT 674 (1955) traz outro evento, vinculado ao mostrado no BT 669. Em "Vida Religiosa", o narrador informa que "depois dos milagres de Tambaú", que repercutiram no "Brasil inteiro", Nossa Senhora continua a fazer pelos bairros paulistanos e cidades do litoral paulista como Praia Grande e Santos. O que se vê, inicialmente, é uma tomada em primeiro plano da imagem de Nossa Senhora coberta por faixas e rodeada de devotos e pessoas (mulheres, homens, civis e militares) que a tocam. Segue-se uma sequência em plano médio da população, em especial uma senhora que, numa demonstração de sua fé, é amparada ao quase desmaiar. Apesar de mencionar bairros paulistanos como Vila Prudente, Água Rasa, Vila Isabel, e cidades litorâneas, não há qualquer informação sobre onde tais imagens foram captadas. O que é patente numa estratégia de universalizar tais cenas para além dos locais mencionados, estendendo, dessa forma, a religiosidade na proposta adhemarista para outros lugares, certamente com intenções políticas de atingir o eleitorado de várias regiões dado o momento da corrida eleitoral em 1955.

Em São Paulo, a vida religiosa é retratada nas telas do BT, com... ... tomadas em primeiro plano da imagem de Nossa Senhora...

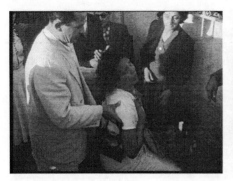 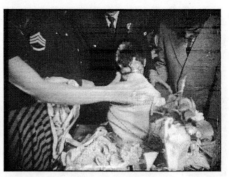

... e marcantes manifestações públicas de fé numa chave religiosa bastante trabalhada...

... no cinejornal adhemarista. Bandeirante da Tela n° 674, 1955. Acervo Cinemateca Brasileira.

Nesse sentido, a aproximação entre política e religião saiu-se fortalecida pelo próprio formato do cinejornal: dividido em segmentos, mas unificado numa montagem que conectava as diferentes notícias. Assim, além da aproximação de planos-sequência numa mesma notícia, associavam-se também os assuntos noticiados. No BT 669, por exemplo, a entrega de medalhas milagrosas foi antecedida por Adhemar de Barros sendo bem recebido numa cidade do nordeste. Já no BT 674, a "Vida Religiosa" vem logo depois de uma convenção do PSP na capital federal, onde Adhemar de Barros foi "recebido com palmas prolongadas" e chuva de papel picado na ocasião da homologação de sua candidatura para presidente.

Em meio ao universo fragmentado das diversas notícias do BT, o encontro de segmentos políticos com religiosos pela disposição da montagem não foi exclusivo, pois também ocorreu com outros temas,[37] o que remete à estratégia de tentar compor uma imagem representativa de Adhemar de Barros, onipresente até. Ou seja, uma presença portadora de um elo sociocultural que envolvesse não só valores cristãos, como nesses dois cinejornais, mas que somasse no noticiário semanal a moral ética do assistencialismo, o saber científico de um médico, o paternalismo e a família, como visto até aqui. Uma estratégia que se reforça ao lançar mão de um caleidoscópio de signos do cotidiano do próprio espectador, tomados numa dimensão inusitada pela câmera cinematográfica.[38] Em tal estratégia, portanto, o BT acaba apresentando o seu dono como aquele "a quem recorrer";[39] que comporta condições

---

37 Tendo em vista o BT como cinejornal cavado, fruto de interesses comerciais e particulares.

38 Cf. Kracauer, Siegfried. "The Conquest of Europe on the Screen...". op. cit., p. 15-16.

39 Como numa mitologia política centrada na figura do homem providencial, que procura "banalizar o grande homem, para permitir que cada um de seus concidadãos se reconheça nele". Cf. Girardet, Raoul. Mitos e Mitologias Políticas, op. cit., p. 65.

de apaziguar certa angústia colhida no próprio imaginário coletivo da sociedade.[40] Num vínculo um tanto perspicaz, valores culturais mesclam-se à esfera política, revelando como esta se estende às práticas que permeiam toda a sociedade. Como no exemplo do Estado de São Paulo onde uma tradição cristão-católica apresenta valores fortemente arraigados em sua formação histórica: do surgimento ligado à fundação por um padre, até o fato de abrigar em seu território o maior centro de peregrinação católica do país.[41]

"Atualidades" no sentido manter o espectador atualizado de que...

... em Aracajú, Adhemar também goza de extrema popularidade. Bandeirante da Tela nº 669, 1955. Acervo Cinemateca Brasileira.

Dísticos, bandeiras estaduais e cartazes de Adhemar na convenção nacional do PSP, no Rio, onde é celebrada com festa a homologação...

... da candidatura adhemarista para presidente. Bandeirante da Tela nº 674, 1955. Acervo Cinemateca Brasileira.

---

40 A angústia numa sociedade cujas inquietações, desnorteamentos, incertezas e ressentimentos podem se cristalizar em torno de uma imagem positiva, como a de uma unidade (lugar, cidade ou nacionalidade) ou àquele a quem recorrer. *Ibidem*, p. 49-57.

41 A cidade de Aparecida, popularmente conhecida por Aparecida do Norte.

A "onipresença" de Adhemar de Barros criada para o discurso do BT apresenta-se nos mais inesperados momentos dentro do teatro de atualidades. Como no exemplo do BT 585 (1954),[42] em que um desfile de modelos em trajes de banho é sucedido por uma aparição de Adhemar de Barros, no segmento seguinte, fazendo contato com eleitores pelo "Norte do Brasil".

"Saúde e Beleza": desfile de modelos em trajes de banho antecedendo... ...Adhemar no "Norte do Brasil". Bandeirante da Tela nº 585, 1954. Acervo Cinemateca Brasileira.

Nesse sentido, a presença de Adhemar de Barros dentre as diversas notícias, semanalmente veiculadas nos cinemas, foi um artifício amplamente utilizado para difundir a imagem do líder pessepista. Inserido numa rede de eventos corriqueiros, anunciados como "Conheça sua Terra", "Atualidades", "Norte do Brasil" etc., o político esteve em várias localidades, enquanto também visitava as salas de cinema, associando sua figura com temas diversos, tais como esporte, beleza, convenções sociais, datas comemorativas etc. Era essa, também, a saída para um cinejornal que atendia interesses comerciais, privados, institucionais e, inclusive, inter-regionais. Neste último caso, o BT 372[43] apresenta uma viagem de Adhemar de Barros a Belém do Pará, mas que se revela uma divulgação turística daquele Estado, cujas autoridades são mostradas como "queridas" dado o trabalho que por lá promovem.

Apresentado como "Conheça sua Terra", o assunto pode ter surpreendido o espectador que, mediante um convite para conhecer mais do seu país, se viu naquele instante diante de uma clara propaganda política. Num ritual já conhecido, Adhemar de Barros chega de

---

42 *Bandeirante da Tela n. 585*. São Paulo: Divulgação Cinematográfica Bandeirante, 1954. Fita de vídeo (6min-40seg), VHS, sonoro, p&b, VV00048. Cinemateca Brasileira.

43 *Bandeirante da Tela n. 372*. São Paulo: Divulgação Cinematográfica Bandeirante, 1951. Fita de vídeo (8min-55seg), VHS, sonoro, p&b, VV00098. Cinemateca Brasileira.

avião e é recepcionado por uma comitiva que o espera no aeroporto. Após receber os cumprimentos do prefeito e do governador, assistimos o político paulista e autoridades locais num passeio em carro aberto, numa rua central de Belém. Num *travelling* em plano médio – captado por uma câmera num veículo à frente – enquadra-se Adhemar de Barros acenando à população que quase não aparece nas extremidades do campo visual da câmera. Neste momento, o narrador informa que as

> ruas e os lugares mais interessantes de Belém do Pará são percorridos por Adhemar de Barros em companhia dos principais homens da administração paraense.

e que "espontânea e cordial [é] a homenagem que o povo presta durante o trajeto pelas ruas da cidade". Contudo, não se vê outras "ruas" e "lugares" percorridos pelo político paulista e as autoridades locais, tampouco algo que convença, pelas imagens, que eles tenham sido alvo da mostra de "simpatia e prestígio que desfrutam eles no seio dos habitantes de lá".

Por esta única tomada, o espectador é informado pelo narrador que Adhemar de Barros percorreu os lugares mais interessantes de Belém do Pará, sendo espontânea e cordialmente homenageado pelo povo paraense. Bandeirante da Tela nº 372, 1951. Acervo Cinemateca Brasileira.

Para além destas cenas, há a aparição de Adhemar de Barros visitando moradores carentes num bairro pobre. Imperdível oportunidade para o BT para esclarecer os propósitos do político paulista que visita os "habitantes de lá": "uma visita se impõe aos bairros pobres, preocupação constante dos governos esclarecidos". No local, crianças cercam o automóvel – o mesmo mostrado no passeio em carro aberto – como que surpresas com a visita. Mais um enquadramento é realizado para mostrar o contato de um político "esclarecido" que quer tomar nota de como "os mocambos e favelas vem sendo substituídos por habitações mais confortáveis" para aquela gente.

Uma tomada em plano geral é realizada com Adhemar de Barros ao centro, ladeado de alguns homens e cercado por crianças. Claramente, a cena que demonstra a preocupação em registrar o contato do político com os "humildes de Belém" também oferece uma ideia do distanciamento, da falta de tato até, do político e seus assessores naquela situação: o desnecessário esforço para atrair a atenção das crianças que, insistentemente, não param de acenar e fazer gestos para a câmera. Tal situação, num patente lapso do distanciamento com o povo daquela localidade, é a real novidade captada naquela circunstância, e não Adhemar de Barros interessado "vivamente pelo assunto que visa beneficiar os humildes de Belém".

Adhemar visita a periferia de Belém: "uma preocupação constante dos governos esclarecidos". Dificuldades para compor uma cena em que as crianças estão muito mais interessadas na câmera que as filma, que no político que as visita. Bandeirante da Tela nº 372, 1951. Acervo Cinemateca Brasileira.

Dentre as várias sequências, com tomadas da *Igreja de Belém*, do forte e do entreposto de pesca, do *Mercado Ver-o-Peso*, da feira-livre e suas comidas típicas, da praça central da cidade, e de algumas tomadas aéreas do centro urbano, numa alusão ao progresso e pujança alcançados pela cidade, o espectador é levado a acompanhar os espaços visitados pelo político. Assim, a presença de Adhemar de Barros é estendida aos poucos mais de sete minutos de assunto, embora tenha aparecido, de fato, em menos de dois minutos. Mesmo quando não é visto, sua presença é garantida pelo narrador, que o sustenta na continuidade visual,[44] até o momento em que o próprio Adhemar de Barros aparece se despedindo da comitiva no aeroporto. Ao final, ele esteve "presente" em todo o registro, pois é a sua visita que assegura uma unidade orgânica do segmento, mostrando ao espectador um pouco do Brasil que o político conhece e se interessa:

---

44 Uma função própria à *voz-over*, assim como do narrador de cinejornal, que "assegura uma continuidade da percepção e da unidade orgânica do filme". Betton, Gerard. *Estética do Cinema*. São Paulo: Martins Fontes, 1987, p. 38.

"depois de demorado contacto com este pedaço de Brasil setentrional, despede-se o doutor Adhemar".

Embora 1951 tenha sido o primeiro ano de Adhemar de Barros após sua saída do governo paulista (1947 a 1950), vale lembrar que o projeto político, mais do que nunca, estava posto nesse momento, pois o PSP conseguira perpetuar, em tese, seu poder por mais quatro anos com Lucas Nogueira Garcez. Sendo assim, a recente gestão do político paulista ainda lhe conferia a deferência enquanto governo, e "esclarecido", como informa a narração do BT 372. Mas o adhemarismo esperava cultivar essa imagem para voos mais altos, como as próximas eleições presidenciais. É nesse sentido, por exemplo, que se pode compreender a necessidade da sua evidência constante, quase onipresente, ao ser mostrado ora viajando pelo mundo, como no BT 501; ora em regiões do Brasil, como em vários outros números do BT. Desta forma, cabe ressaltar o papel estratégico em ter um cinejornal, mesmo com uma máquina partidária como que lhe dava a sustentação necessária nos momentos em que esteve distante do poder executivo (seja municipal ou estadual).[45] Nesse caso, o BT completou a estratégia em manter Adhemar de Barros enquanto personalidade presente.[46]

No cuidado constante com uma imagem pública que poderia esvaecer, sobretudo em períodos eleitorais, as aparições adhemaristas no cinema insistiram repetidamente em transitar por duas chaves representativas, à primeira vista contraditórias, mas que bem articularam no discurso político um elo sociocultural importante para angariar popularidade: a imagem do homem empreendedor, realizador, moderno e portador de grande prestígio político; e, ao mesmo tempo, a imagem do "homem comum", acessível à massa, como mostrado no BT 501.

A imagem da modernidade vinculada ao homem que "realiza", a princípio remete a uma tradição bastante clara nos cinejornais getulistas, com suas recepções nos aeroportos, cumprimento das autoridades locais, desfiles em carro aberto, visitas em instalações fabris ou obras públicas, participações em eventos sociais com grande presença das massas etc.[47] Tudo isso somado à onipresença do presidente em todos os quadrantes do país. Sem dúvida,

---

45 Cf. Sampaio, Regina. *Adhemar de Barros e o PSP, op. cit.*, p. 155.

46 O que ajuda a responder a indagação de Weffort, que procura compreender a manutenção do adhemarismo apesar do duro ostracismo que sofreu depois de 1950. No presente trabalho, acredita-se que além da estrutura partidária, a propaganda e o investimento no cinema foram fortes elementos propagadores da sua imagem; retro alimentando também a "máquina populista" (segundo Weffort) que se baseia, sobretudo, na própria imagem do Adhemar de Barros. *Cf.* Weffort, Francisco C., *O Populismo na Política Brasileira, op. cit.*, p. 32.

47 *Cf.* Souza, José Inácio de Melo. *O Estado contra os meios de comunicação, op. cit.*, p. 211.

Getúlio Vargas foi um apelo constante na trajetória de Adhemar de Barros e do PSP durante a década de 1950.[48]

1950-1958: apelo constante à figura política de Vargas. Fundo Adhemar de Barros/AESP.

No entanto, a modernidade, presente em todo o arsenal de campanha adhemarista,[49] assumiu contornos do que Adhemar de Barros foi em carne e osso. Nesse sentido, é sintomático que nos BT analisados praticamente não haja registros de sua voz ou, quando muito, o narrador fale por ele. Um dado importante para compreender a opção por uma visualidade específica do homem moderno, proporcionada pelo discurso cinematográfico. Algo distante da sua voz, conhecida e explorada em outros meios, numa chave bastante distante do que seria moderno e avançado.[50] Logo, ser "progressista" era ser notado nas várias nuances proporcionadas pela linguagem cinematográfica: um físico avantajado, facilmente notado entre os demais, e proeminente no ritual filmado.[51] Gestos firmes e o

---

48 "O abraço que uniu as forças populares contra a espoliação do povo". Panfleto do *Partido Social Progressista* e *Partido Trabalhista Brasileiro*, 1958. Caixa 638, pasta 03, doc. 001. Fundo Adhemar de Barros/APESP.

49 Como vimos na primeira parte deste trabalho.

50 Como as falas do programa radiofônico *Palestras ao Pé do Fogo*, cuja opção de "falar errado", na "língua do povo", representou uma clara estratégia de conquistar a população do interior. Cf. Texto para locução do programa *Palestra ao Pé do Fogo*, op. cit.

51 *Bandeirante da Tela* n. 585. São Paulo: Divulgação Cinematográfica Bandeirante, 1954. Fita de vídeo (6min40seg), VHS, sonoro, p&b, VV00048. Cinemateca Brasileira.

indefectível cigarro na mão esquerda, dando-lhe ares de alguém decidido e moderno.[52] E as caminhadas no meio do povo, com as mangas arregaçadas ou com o seu paletó nos braços,[53] mostrando ser alguém sempre disposto ao trabalho,[54] e por isso admirado em suas aparições.[55]

Detalhes que, a princípio, podem apresentar pouca importância, mas que certamente dizem respeito aos cuidados conscientes na construção de uma visualidade almejada pelo político, que se comportava como um homem moderno e realizador; como ente admirado nos quatro cantos do Brasil; como sabedor das dificuldades da população que visitava; e como "doutor" para os problemas sociais. Enfim, uma autêntica "espontaneidade intencional" que pretensiosamente tentou encarnar a modernidade do seu tempo, com todo um gestual condigno para transmiti-la ao espectador.

No BT, a presença física de Adhemar era destaque no teatro filmado: em plano-geral nas ruas de uma cidade do norte do país, pareceu caminhar entre simpatizantes. Bandeirante da Tela nº 585, 1954. Acervo Cinemateca Brasileira.

Gestos firmes "confirmam" a convicção de um realizador decidido: Adhemar concede entrevista após uma "viagem de estudos" à Europa. Bandeirante da Tela nº 501, 1952. Acervo Cinemateca Brasileira.

---

52 *Bandeirante da Tela n. 501*. São Paulo: Divulgação Cinematográfica Bandeirante, 1952. Fita de vídeo (7min-56seg), VHS, sonoro, p&b, VV00098. Cinemateca Brasileira; *Bandeirante da Tela n. 672*. São Paulo: Divulgação Cinematográfica Bandeirante, 1955. Fita de vídeo (6min48seg), VHS, sonoro, p&b, VV00099. Cinemateca Brasileira; *Bandeirante da Tela n. 588*. São Paulo: Divulgação Cinematográfica Bandeirante, 1954. Fita de vídeo (6min3seg), VHS, sonoro, p&b, VV00048. Cinemateca Brasileira.

53 "Pôs de lado o paletó / Como só faz o Adhemar / Vendo que já podia / Seu trabalho começar", *Cf.* Livreto de músicas "Patrícios e patrícias, para vocês eu vou contar...", *op. cit.*

54 *Bandeirante da Tela n. 678*. São Paulo: Divulgação Cinematográfica Bandeirante, 1955. Fita de vídeo (7min-17seg), VHS, sonoro, p&b, VV00099. Cinemateca Brasileira.

55 *Bandeirante da Tela n. 679*. São Paulo: Divulgação Cinematográfica Bandeirante, 1955. Fita de vídeo (7min), VHS, mudo, p&b, VV00099. Cinemateca Brasileira.

"Momento Político". De volta do Rio, Adhemar não abandona o gestual de um homem moderno, numa expressão bem singular com o seu cigarro na mão esquerda, algo constante no BT. Bandeirante da Tela n° 672, 1955. Acervo Cinemateca Brasileira.

Solenidade em Santo André, SP: postura ereta, cigarro na mão e correligionários ao redor. Uma composição recorrente e que certamente contribuiu para fixar a imagem altiva do político. Bandeirante da Tela n° 588, 1954. Acervo Cinemateca Brasileira.

No Amapá, em plena campanha presidencial, Adhemar chega para diagnosticar os problemas daquela região, com a atitude de quem arregaça as mangas e se dispõe a trabalhar. Bandeirante da Tela n° 678, 1955. Acervo Cinemateca Brasileira.

Em São Paulo, a presença de Adhemar é registrada no BT sob os olhares de extrema admiração de um grupo de mulheres. Bandeirante da Tela n° 679, 1955. Acervo Cinemateca Brasileira.

Mas o político que conhecia todo o Brasil enfrentou dificuldades para mostrar nas telas de cinema tamanha popularidade. Por mais que Adhemar de Barros visitasse lugares, principalmente entre 1954 e 1955 (nas campanhas para governador e presidente), um olhar atento aos registros do BT traz à tona pontos falhos da construção utilizada para suprir a ausência de uma massa sempre pronta a acompanhá-lo. Por todo o país, o líder pessepista era apenas um candidato, que precisava convencer milhares de espectadores, principalmente paulistas, com as imagens do seu prestígio por onde esteve. Um exemplo pode ser visto no BT 600[56] (1954) com Adhemar de Barros visitando Fortaleza em mais um "Conheça sua Terra". A notícia se inicia com um plano geral de um grupo pessoas observando uma aterrissagem. Na cena seguinte, temos o político abrindo a porta do avião (seria o mesmo avião?) e acenando, posicionado ao fundo em relação ao mesmo grupo de pessoas mostrado na primeira cena.

Tal composição, estendendo o espaço em profundidade no enquadramento, cria um campo visual cinematográfico com proporções redimensionadas para enaltecer o momento da chegada de Adhemar de Barros que, assim, é recepcionado por uma "multidão". O que se completa com a informação verbal sobre a "significativa manifestação [que] prestam os habitantes da capital do Ceará, no aeroporto, ao senhor Adhemar de Barros". Tem-se, dessa forma, a sugestão de que inúmeros cearenses esperavam dar boas vindas àquele que "recentemente percorreu vários estados do norte e nordeste sendo tão aclamado quanto nos estados sulinos" – não perdendo a oportunidade de lembrar o público, pela fala do narrador, do seu prestígio em todo o país.

O registro prossegue com um plano médio de Adhemar de Barros andando e acendendo um cigarro num corredor formado por caminhonetes estacionadas e uma aglomeração de pessoas que o observam. A cena não mostra nada além da caminhada do político entre pessoas, no entanto, a este simples plano-sequência é creditada uma informação muito distante do que se vê, sobre o quão

> impressionante [é] a popularidade de Adhemar, cujas visitas, mesmo destituídas de caráter político, se transformam sempre em grandes demonstrações de apreço.

O registro termina num plano geral de vários caminhões com pessoas em suas caçambas, dando a entender que ali estiveram para prestigiar o político que goza de "impressionante" popularidade. Somado a um tema musical alegre – folclórico até – para reforçar a atmosfera amigável pretendida,[57] o segmento não conta com mais de quatro sequências em espaços delimitados para a captação daquelas ações: o avião pousando, o aceno do político desembarcando, a passagem por um grupo de pessoas e caminhões lotados. De qualquer forma, esta "solução" cinematográfica narrou a passagem do político que mantém o corpo-a-corpo com pessoas, porque é um homem comum, um amigo por todo o Brasil.

---

56   *Bandeirante da Tela n. 600.* São Paulo: Divulgação Cinematográfica Bandeirante, 1954. Fita de vídeo (6min-47seg), VHS, sonoro, p&b, VV00048. Cinemateca Brasileira.

57   E amarrar na curta continuidade visual do segmento. *Cf.* Reisz, Karel e Millar, Gavin. *A Técnica da Montagem Cinematográfica, op. cit.,* p. 191.

Em Fortaleza, um grupo de pessoas observa a aterrissagem do político progressista que será agraciado...

... com uma "significativa manifestação" dos "habitantes da capital do Ceará". Bandeirante da Tela n° 600, 1954. Acervo Cinemateca Brasileira.

No curto registro de uma simples caminhada, Adhemar de Barros desperta "grandes demonstrações de apreço", pois "impressionante...

... [é] a popularidade" que goza nos "estados do norte e nordeste" quanto nos "estados sulinos". Bandeirante da Tela n° 600, 1954. Acervo Cinemateca Brasileira.

Em mais dois exemplos, as edições 672[58] e 674[59] (ambos de 1955), os indícios da realidade construída para a veiculação no BT são evidentes. São registros da passagem de Adhemar de Barros pela capital federal e a sua chegada em São Paulo, onde o corpo-a-corpo com a massa deixa rastros de um teatro ensaiado para as câmeras. No BT 672, a imagem inicial do "Momento Político" apresenta uma rua do Rio de Janeiro bastante movimentada, com Adhemar de Barros em carro aberto, acenando. A câmera realiza uma tomada em plano geral em um espaço suficiente para delimitar o cortejo. Em seguida, há um enquadramento

---

58 *Bandeirante da Tela* n. 672. São Paulo: Divulgação Cinematográfica Bandeirante, 1955. Fita de vídeo (6min-48seg), VHS, sonoro, p&b, VV00099. Cinemateca Brasileira.

59 *Bandeirante da Tela* n. 674. São Paulo: Divulgação Cinematográfica Bandeirante, 1955. Fita de vídeo (5min-24seg), VHS, sonoro, p&b, VV00099. Cinemateca Brasileira.

em plano médio de outro espaço, com pessoas segurando faixas, em destaque uma que deseja ao político um feliz regresso a São Paulo. Após estas duas sequências, uma terceira segue com Adhemar de Barros, em primeiro plano, no que parece ser uma entrevista, no momento em que o narrador nos informa que a

> chegada do senhor Adhemar de Barros à capital da República, de volta da sua viagem da Europa e dos Estados Unidos, foi assinalada por expressivas manifestações por parte dos brasileiros da capital federal.

Há um claro cuidado para não ampliar o campo visual (e, assim, garantir a suposta continuidade de um número maior de pessoas ali reunidas), seguindo-se uma pequena panorâmica sobre um grupo que segura faixas adhemaristas, no mesmo espaço mostrado anteriormente. O registro continua com a chegada do político em sua terra, onde ele "saúda a multidão que o foi esperar no aeroporto de Congonhas". Neste aeroporto, um plano geral abrange o recinto lotado, porém, um olhar detido sobre a arquitetura local – certamente difícil para o espectador no momento da projeção – revela se tratar do mesmo ambiente mostrado em cenas anteriores, como sendo no Rio de Janeiro. A própria fachada de ambos os edifícios – o supostamente localizado no Rio de Janeiro e o de São Paulo – são idênticas. Nesse sentido, a opção de restringir os enquadramentos de câmera realizados no Rio de Janeiro, como mencionado a pouco, explicita a tentativa, um tanto grosseira, de construir uma cena que não foi realizada na cidade carioca: pelas evidências, tanto a despedida com um carinhoso "feliz regresso", como as boas vindas, foram todas feitas no mesmo local, ou seja, em São Paulo mesmo.

Como já visto no BT, a cena seguinte mostra, em plano médio, um trajeto em que o político é auxiliado por correligionários a caminhar no meio de pessoas reunidas naquele recorte visual. A sugestão é clara: Adhemar de Barros tenta "furar" a massa, que assim se comporta devido ao "fruto da experiência e do amadurecimento político do homem comum, [dado] o conceito que hoje goza o senhor Adhemar de Barros". Ou seja, tanto em São Paulo, o seu colégio eleitoral, como na capital federal, Adhemar de Barros é o político – então potencial candidato a presidente – a gozar de extremo carisma, como "atestam" as imagens do seu cinejornal. Mas teria Adhemar de Barros sequer ido ao Rio de Janeiro, para a filmagem deste registro? O seu enquadramento passando em carro aberto num local público bastante movimentado não quer dizer que fosse uma rua da capital federal. Soma-se a esta "construção", os curtos movimentos em panorâmica para não "mostrar demais", assim como as bandeirinhas do Brasil e do Estado de São Paulo que as pessoas seguram tanto nas ruas da capital federal quanto no aeroporto paulista, como um adereço entregue aos figurantes para enfeitar a *mise-en-scène* ocorrida num mesmo lugar.

Assistimos Adhemar (atrás do intertítulo) em carro aberto pelo Rio, onde se iniciam as homenagens do seu retorno ao Brasil...

... No detalhe, faixas e bandeirinhas compõe a *mise-en-scène*. Bandeirante da Tela nº 672, 1955. Acervo Cinemateca Brasileira.

Enquanto concede entrevista, o povo o aclama com faixas nas "ruas da capital federal". Ou seria um espaço inventado? Com pessoas ao lado de fora...

... do saguão de entrada do Aeroporto de Congonhas? Bandeirante da Tela nº 672, 1955. Acervo Cinemateca Brasileira.

Em São Paulo, Adhemar é esperado por um elevado número de pessoas concentradas no saguão de Congonhas que dificultam a passagem...

... daquele que sempre desce às massas. No detalhe, mais bandeirinhas. Bandeirante da Tela nº 672, 1955. Acervo Cinemateca Brasileira.

No BT 674 esse teatro adhemarista persiste, também, com outro "Momento Político". As primeiras imagens enquadram, num primeiro plano, bandeiras de vários estados brasileiros, dísticos e cartazes do líder pessepista e o mapa do Brasil.[60] Uma composição que, visualmente, anuncia a notícia a ser transmitida:

> o Partido Social Progressista em convenção no Rio de Janeiro homologou a candidatura do senhor Adhemar de Barros à presidência da República.

Entre tomadas em plano geral do recinto com o público, e os discursos dos componentes da mesa solene, surge uma cena recorrente: Adhemar de Barros se vê "prensado", agora entre correligionários, na sua caminhada até o palanque, que é registrada num plano médio, e num recorte que reforça o clima de júbilo pela decisão tomada em convenção nacional. Até o final do registro, a alternância de planos ocorre entre a fala do homologado candidato e o público que o aplaude com direto a chuva de papel picado, no que foi um discurso "recebido com palmas prolongadas".

Para o adhemarismo, o cinema ter o seu principal personagem cercado por pessoas foi uma regra. Mas é justamente esta própria regra que o denuncia. Não são poucos os registros em que o político se está envolvido por pessoas, mesmo quando sabemos que só estão presentes seus correligionários, como no caso de uma convenção do PSP. Essa necessidade recorrente no ritual adhemarista, quase idêntico em todas as suas aparições no BT, é esclarecedor de como os correligionários e o líder pessepista estavam aptos a promover esta parte do teatro político: um exagero de encenação, como foi visto no BT 501, por exemplo. Não se trata de Adhemar de Barros e o PSP serem incapazes de angariar e organizar pessoas para um determinado evento.[61] Nesse caso, vale lembrar que no início dos anos 1950, cerca de quarenta e seis Diretórios Distritais estavam à disposição de Adhemar de Barros e do PSP,[62] além de um "Centro Cívico Adhemar de Barros", localizado no centro da capital paulista, cujo objetivo era

---

60 Imagens reproduzidas na página 121 deste trabalho.

61 Muito pelo contrário, pois em 1954 o PSP elegeu 32 deputados federais; além de contar, ao menos em São Paulo, com uma forte organicidade em seus diretórios distritais, nos quais a prática clientelística era a tônica. *Cf.* Kawak, Gabriel. *O Trevo e a Vassoura: os Destinos de Jânio Quadros e Adhemar de Barros*. São Paulo: A Girafa Editora, 2006, p. 26-28.

62 "Moção de Desconfiança" por (assinatura ilegível) ao sr. Presidente e demais membros do Diretório Nacional do Centro Cívico Adhemar de Barros. São Paulo, julho de 1950. Pront. 105.237 - Centro Cívico Adhemar de Barros. DEOPS-APESP. Sobre a dinâmica destes diretórios distritais, um bom exemplo pode ser obtido pela análise do distrito paulistano da Mooca. *Cf.* Duarte, Adriano e Fontes, Paulo. "O populismo visto da periferia: adhemarismo e janismo nos bairros da Mooca e São Miguel Paulista (1947-1953)". In: *Cadernos AEL: Populismo e Trabalhismo*. Campinas: Unicamp/IFCH/AEL, v. 11, n° 20/21, 2004, p. 83-123.

difundir, por todos os meios, os princípios sociais progressistas, prestigiando a obra administrativa do Governador Adhemar de Barros.[63]

E mesmo associações que chegaram a promover sessões cinematográficas com até dois mil e quinhentos espectadores.[64] Porém, além de organizar uma massa que creditasse popularidade ao político, foi preciso, por vezes, criar uma com a ajuda do cinema. E considerando a trajetória política de Adhemar de Barros, há um dado que não pode ser esquecido: o início da sua carreira política no PRP. Partido esse que já articulara, na década de 1920, o discurso em cinejornais com governantes paulistas,[65] cujas soluções para compor uma massa de eleitores para os espectadores pareceu ter caminhado numa mesma chave.[66]

A homologação da candidatura adhemarista no Rio, registrada com festa entre os correligionários...   ... que envolvem Adhemar de Barros. Bandeirante da Tela nº 674, 1954. Acervo Cinemateca Brasileira.

---

63   "Estatutos do Centro Cívico Adhemar de Barros". São Paulo, s/d. Pront. 105.237 - Centro Cívico Adhemar de Barros. DEOPS-APESP.

64   Ocasião em que, provavelmente, foram exibidas edições do BT, dado o caráter panfletário destas sessões, que visavam "prestigiar o nome do Exmo. Snr. Dr. Adhemar Pereira de Barros". Ofício de Nestor Macedo, Representante-geral da Ala Negra Progressista, e José Mazariolli, Presidente da Ala Negra Progressista, a Paulo Rangel, Delegado de Ordem Política e Social. São Paulo, 27 de setembro de 1949. Pront. 101.018 - Ala Negra Progressista. DEOPS-APESP.

65   A Rossi Filmes, por exemplo, conseguiu de "Washington Luís uma subvenção para fazer um jornal cinematográfico, o *Rossi Atualidades*, que traz debaixo do título, nos papéis timbrados a especificação Órgão Oficial do Governo do Estado". E mais: "Enquanto o PRP [Partido Republicano Paulista] é governo, a Rossi é a mais importante de nossas produtoras". Cf. Souza, José Inácio de Melo, *O Estado Contra os Meios de Comunicação*, op. cit., p. 30. Grifo nosso.

66   Como no filme *A Era da Renascença Nacional*, da produtora Botelho e Neto, em que uma das cartelas diz: "Quando o Dr. Júlio Prestes, Presidente do Estado de São Paulo e candidato à futura Presidência da República, chegou ao Rio para ler a sua plataforma de governo, foi recebido pelo povo carioca com um entusiasmo indescritível". Não existindo, entretanto, cenas desse acontecimento "indescritível", pois o que segue são cenas de um banquete onde foi lida a plataforma política do candidato pessepista, e detalhes dos "encasacados e suados, pelo calor de dezembro, grandes eleitores de S. Excia". Cf. Souza, José Inácio de Melo. "Eleições e Cinema Brasileiro...", op. cit., p. 158.

UM BANDEIRANTE NAS TELAS

O político constantemente se vê cercado, quase impedido de chegar próximo aos microfones...

... onde discursará aos correligionários. Bandeirante da Tela n° 672, 1954. Acervo Cinemateca Brasileira.

Enquanto profere algumas palavras sobre a sua plataforma de governo...

... as câmeras do BT registram os aplausos da claque. Bandeirante da Tela n° 674, 1954. Acervo Cinemateca Brasileira.

Entretanto, a imagem do político ilustre nos quatro cantos do país, homem comum e querido pelo povo, assim como a do homem moderno, realizador e doutor para os problemas sociais, encerrava uma lida complexa para conquistar diversos setores da sociedade paulista. Suas vitórias políticas certamente indicaram um grau da apropriação do seu discurso principalmente pelas as camadas médias, ansiosas por um Estado protetor, que lhes garantisse a manutenção de um bem-estar social e a aspiração por algo melhor.[67] Apropriação

---

67 *Cf.* Weffort, Francisco C., *O Populismo na Política Brasileira*, op. cit., p. 33. Todavia, conjecturar sobre as expectativas da classe média não significa reduzi-la a interesses econômicos. Ainda que ansiosa por um Estado protetor, tal anseio carrega valores como credibilidade, respeito e passado político – personificados no político que pode representá-la. Nessa difícil conceituação, o termo "classe média" pode ser mais bem compreendido numa relação socioeconômica entre "classe média baixa" e uma "classe média alta". Nesse sentido, pode-se pensar, por exemplo, o quão difundido e sociabilizado foi um conjunto de valores partilhado entre uma "camada média baixa" e as camadas populares. *Cf.* Saes, Décio A. M. "Classe média e política no Brasil: 1930 - 1965".

também ocorrida junto às camadas populares, inseridas que estavam na mesma coletividade do todo social, vivenciando signos e apelos comuns, reestruturados na fidelidade ao mesmo político.[68] Contudo, o cuidado em representar e "pertencer" a diversos segmentos sociais, mostrar-se um "super-homem [e] ao mesmo tempo realizar o milagre de aparecer como uma pessoa comum",[69] não aconteceu sem "tensões".

No limite de uma busca cada vez maior por eleitores, para voos mais altos na política, assim como para manter o prestígio conquistado,[70] é possível verificar alguns momentos em que o cinejornal adhemarista se contradiz. Para além da usual ambiguidade do jogo político-partidário, traduzida nas mais díspares alianças políticas,[71] o discurso cinematográfico descortina a·dificuldade do adhemarismo em lidar com uma série de valores conflitantes. Nesse sentido, é exemplar um trecho do discurso de Adhemar de Barros – reproduzido pelo narrador, ainda no BT 674 – sobre a sua plataforma de governo para as eleições presidenciais de 1955:

> iremos para luta com um programa popular e nacional, agrupando em nosso lado as *forças populares e nacionalistas* que, como nós, propugnam uma *solução brasileira* para os *problemas brasileiros*, sem *chauvinismos nacionais* e sem *entreguismos mercenários* construiremos a *felicidade do povo*.[72]

Nas palavras desse amplo, mas vago, compromisso político, o seu conjunto de ideias se desfaz quando transposto para o cinema: seja no apelo às "forças populares" que o BT se esforçou construir por dispositivos cinematográficos – ao menos nas edições ainda existentes; ou na "solução brasileira" para os "problemas brasileiros", num discurso daquele que se gabava de visitar o mundo inteiro em viagens de estudos. Mas a questão central, e que

---

In: Gomes, Ângela Maria de Castro (et. tal.). *O Brasil republicano, v. 3: sociedade e política (1930 – 1964)*. Rio de Janeiro: Bertrand Brasil, 2003, p. 447-506, p. 463, 487-488.

68   Girardet, Raoul. *Mitos e Mitologias Políticas. op. cit.*, p. 95-96.

69   Adorno, Theodor W. "A Teoria Freudiana e o Padrão da Propaganda Fascista", *op. cit.*, p. 176.

70   Seu "capital político", por assim dizer, "(...) conservado mediante o trabalho constante que é necessário não só para acumular o crédito como também para evitar o descrédito". *Cf.* Bourdieu, Pierre. *O Poder Simbólico, op. cit.*, p. 189.

71   Como, por exemplo, a aliança com Luís Carlos Prestes e o PCB nas eleições de 1947, ou o apoio velado a Jânio Quadros nas eleições para prefeito em 1953, quando Adhemar de Barros rivalizou com o candidato pessepista indicado pelo então governador Lucas Nogueira Garcez. Este episódio foi satiricamente retratado no livro de idiossincrasias de Adhemar de Barros, no episódio "Foi a mais bela derrota". *Cf.* Laranjeira, Carlos. *Histórias de Adhemar, op. cit.*, p. 79.

72   *Bandeirante da Tela n. 674, op. cit.* Grifo nosso.

engloba todas as outras, permanece sobre a promessa de "felicidade do povo" num discurso que, ele mesmo, não saiu imune aos "chauvinismos" que dizia combater.

Em um ano em que as preocupações eleitoreiras não estavam na ordem do dia, o exemplo de uma edição do BT é bastante esclarecedor da distância do adhemarismo com as camadas populares. Especialmente um grupo que começava a compor, na década de 1950, uma parcela importante no quadro sociocultural da capital paulista, os migrantes do norte e nordeste brasileiro.[73] Ao abordar uma cena cotidiana em São Paulo, o BT 549 (1953) retrata famílias nordestinas que chegam "De Todo o Brasil", como anuncia o intertítulo. E com uma música alegre para um clima de boas-vindas aos representantes do norte, a notícia tem início com uma pequena panorâmica em plano médio de um caminhão pau-de-arara estacionado, tendo pessoas descendo da caçamba com seus pertences. O discurso começa estabelecendo um lugar para os "de fora", quando somos informados que "a lavoura paulista precisa de braços". Ou seja, é o que se reserva para estes representantes de um estrato social tido inferior e atrasado, e que chegam à terra paulista onde diariamente "despejam-se levas e levas de patrícios do nordeste". No BT, não está reservado para estes nordestinos o espaço da cidade, nem o da modernidade – pelo contrário, nota-se um discurso que pretende mantê-los longe dela. E ainda que "patrícios" indique a pretensão de um discurso amigável e cordial, ele não resiste ao que a câmera mostra: mais uma panorâmica (da esquerda para a direita) do mesmo caminhão varrendo topograficamente o espaço,[74] em plano médio, com as famílias desembarcando sob o olhar da Força Pública vigiando crianças, mulheres e homens que "tentam a sorte em regiões onde o clima se mostra mais camarada.

É curioso notar como aquele que chega é um problema, a exemplo da *voz over* que ressalva: "enquanto os imigrantes estrangeiros criam casos...". Subtende-se, assim, que o mesmo deve ser evitado pelo novo contingente de nordestinos que deseja aproveitar o "clima camarada" (melhores oportunidades) da terra paulista, e que, no limite, podem representar uma "ameaça" oriunda "De Todo o Brasil" (cartela do segmento), pois "vendem tudo e trocam a seca pelo tubarão". Nesse sentido, um clima de vigilância se impõe àquele grupo de pessoas potencialmente causadoras da desordem, que chegaram

---

73   A diminuição da imigração estrangeira até meados dos anos de 1930 gerou a contínua necessidade de mão de obra em São Paulo, fato que impulsionou a migração de brasileiros residentes de outros Estados. A partir de 1935, houve um aumento considerável do movimento migratório, chegando a se aproximar de 250 mil ao ano, entre 1951 e 1952, somente em São Paulo. Fundação Seade. *São Paulo Outrora e Agora: Informações sobre a População da Capital Paulista, do Século XIX ao Século XXI*. Jan. 2004. Disponível em: <http://www.seade.gov.br/produtos/spoutragora>, acessado em: 23 de ago. 2007, p. 25.

74   Informando o espectador sobre o espaço e a relação entre o ambiente e os atores numa determinada cena. *Cf.* Reisz, Karel e Millar, Gavin. *A Técnica da Montagem Cinematográfica, op. cit.*, p. 233.

sem uma segurança econômica sólida, cujas "crianças andaram morrendo pelo caminho" e os "trastes vendidos mal deram para pagar o caminhão". Assiste-se, durante todo o registro, uma alternância de planos e enquadramentos mostrando o inevitável desconforto daquelas pessoas em precárias condições na chegada à cidade de São Paulo. E mesmo a incômoda situação em que se encontram, uma vez que a própria câmera do BT soa "ameaçadora", dada a pouca receptividade na devolução olhar ao serem captadas em primeiro plano. Numa panorâmica em plano médio, as pessoas já desceram do caminhão e amontoaram seus pertences na calçada enquanto a Força Pública continua vigiando, pelo que se percebe na varredura de uma pequena panorâmica.

Os enquadramentos sobre os rostos de mulheres, crianças e velhos, marcam visualmente o semblante cansado daquele grupo que não pertence à cidade grande, mas que dela espera muito. Entretanto, "a cidade grande é uma incógnita", e nada há para prometer aqueles que sentem "saudades da casa, da terra e da criação", mas que têm a "esperança de melhores dias". O assunto termina num enquadramento em plano geral com pessoas encostadas na parede, mais uma vez "escoltadas" pela polícia, com uma música alegre de fundo, quase não identificável no início da notícia. Um misto de saudação e aviso é dito pelo narrador "felicidade amigos, a ordem agora é se virar!", finalizando o registro daquela cena cotidiana sob um ritmo musical que, aos poucos, se torna claro: a música "Aquarela do Brasil". Por esta resumida descrição, nota-se que o narrador tenta sustentar uma receptividade inexistente pelo que se constata nas imagens e no próprio texto narrado. Logo, o registro tensiona constantemente e não consegue ocultar uma mensagem nada amigável para com aquelas pessoas: "enquadrem-se", "comportem-se", "ponham-se no seu lugar", "não causem problemas" e tampouco "desordem". Esta parece ser a verdadeira cordialidade na mensagem de fundo.

Como indica o intertítulo, "De todo o Brasil" despejam-se levas de nordestinos em São Paulo, esperados para o trabalho ...

.... na lavoura paulista que "precisa de braços". Ao fundo, policiais "recepcionam" as famílias. Bandeirante da Tela nº 549, 1953. Acervo Cinemateca Brasileira.

UM BANDEIRANTE NAS TELAS

No pau-de-arara chegam os "patrícios do nordeste" que venderam tudo para tentar ganhar a vida na cidade grande...

... "onde o clima se mostra mais camarada" Bandeirante da Tela nº 549, 1953. Acervo Cinemateca Brasileira.

As "crianças andaram morrendo pelo caminho" e os "trastes vendidos mal deram para pagar...

... o caminhão". Bandeirante da Tela nº 549, 1953. Acervo Cinemateca Brasileira

A saudade cede lugar à "esperança de melhores dias", portanto "felicidade amigos...

... a ordem agora é se virar!". Nordestinos "escoltados" pela Força Pública. Bandeirante da Tela nº 549, 1953. Acervo Cinemateca Brasileira.

O que está posto, sobretudo neste segmento, é o quão revelador este "cinema adhe-marista" é de uma angústia incontida num discurso bastante conservador. Primeiramente, uma "angústia chauvinista", que vem à tona com a não aceitação de outros valores para uma São Paulo que, nos anos de 1950, foi se tornando ainda mais heterogênea.[75] Algo traduzido numa espécie de "absorção perversa" somada à "conveniência de explorar" os que vêm de fora, atitude que resulta numa tolerância repressora, ou melhor, um clima de vigilância.[76] Algo existente não só no BT, mas na prática política de Adhemar de Barros, que não deixou de manifestar sua intolerância, talvez inspirado no contexto ditatorial do Estado Novo, do qual participou enquanto interventor entre 1938 e 1941. E também manifesto em sua gestão de governador democraticamente eleito, seja em momentos de violência na ocasião da cassação do PCB em 1947;[77] ou contra setores organizados das camadas populares, como, por exem-plo, no episódio em que uma representação contra o governador, assinada por moradores de um bairro paulistano, resultou na prisão de noventa e seis pessoas que pleiteavam mais democracia com a reabertura dos

> Comitês Democráticos e Progressistas que não pertencem a nenhum partido, e sim entidades populares que congregam moradores de uma cidade, bairro ou rua, para lutarem por reivindicações mais imediatas.[78]

Algo inadmissível em um governo que, recém-eleito democraticamente, lançou mão da truculência ao fichar todos os signatários do referido documento: homens e mulheres pertencentes às famílias da própria comunidade local.[79]

Em segundo lugar, parece emergir uma ética coletiva afeita a um conservadorismo disseminado, principalmente, nos setores médios da sociedade paulista, em que o "dese-

---

75 Mesmo que o contingente migrante tenha se espalhado por todo o estado paulista, a região metropolitana, especificamente a capital, aparece como grande área de destino, notadamente após a intensificação da indus-trialização na década de 1950. CF. Fundação Seade. *São Paulo Outrora e Agora, op. cit.*, p. 25.

76 *Cf.* Samet, Henrique. "A Construção da Brasilidade Excludente", In: Arquivo Público do Estado do Rio de Janeiro. *DOPS: a Lógica da Desconfiança.* Rio de Janeiro: Secretaria de Estado de Justiça: Arquivo Público do Estado, 1996, p. 46-55, p. 53.

77 *Cf.* French, John. *O ABC dos Operários...*, *op. cit.*, p. 213; a respeito da repressão política sobre o PCB ocorrida no governo de Adhemar de Barros, *Cf.* Afonso, Eduardo José. *O PCB e o Poder: 1935 o Poder Pela Força, 1945 o Poder Pelo Voto - os Comunistas na Assembleia Legislativa (1947-1948).* Dissertação de Mestrado em História Social apresentada à Faculdade de Filosofia, Letras e Ciências Humanas da USP. São Paulo, 2004, p. 92-174.

78 Cf. Abaixo-assinado, pelos moradores do bairro da Quarta Parada, ao Exmo. Sr. Adhemar Pereira de Barros, governador do Estado de São Paulo. São Paulo, 1947. – Cópia autorizada por Carlos Rubens de Aguiar, Chefe do Arquivo Geral, 16.06.1947. Pront. 081373 - Basílio Maceira. DEOPS-APESP.

79 *Ibidem.*

jo" de preservar determinados valores é constitutivo de um projeto de felicidade para o Estado que se desenvolvia em ritmo acelerado – e num apelo constante a certa "ordem" a ser preservada no "progresso" em andamento. Por outras palavras, a própria ideia de desenvolvimento excludente que permeia o BT, e entrelaça princípios morais e religiosos em imagens harmônicas e equilibradas para a sociedade em questão. Nesse sentido, propondo uma sociedade "una, indivisível, homogênea, para sempre protegida das perturbações e das discórdias".[80] E replicando, na linguagem de um imaginário circulante por outras camadas da sociedade,[81] representações que eram dadas a ver:[82] o político progressista, o casal assistencialista, o homem esclarecido, o devoto cristão e o pai de família – todas elas trabalhadas por Adhemar de Barros. E, pelos valores que encerram, assumem no discurso adhemarista contornos conservadores em prol da melhoria coletiva, mesmo quando esbarra agressivamente em signos das camadas mais pobres. Ou os enquadrando de forma extremamente preconceituosa,[83] como potenciais representantes da desordem, ou promotores de um caos inimigo da harmonia pretendida.

No BT 600[84] (1954), o discurso adhemarista continua nesta senda, mesmo tendo em vista a campanha eleitoral para governador. Em "Notícias Diversas", o registro inicia com um plano geral de uma rua em frente à Estação da Luz, em São Paulo, que servirá de palco para uma espécie de denúncia. Nestas primeiras cenas, estão barracas de camelôs e, numa tomada em plano médio, o que seriam as mercadorias destes vendedores que "promovem um espetáculo bastante desagradável" aos "visitantes que desembarcam na conhecida estação ferroviária". Prosseguem cenas do mesmo local, porém, tomadas em plano geral de pontos distintos, seguindo-se o aviso do narrador que denuncia "vendedores e ambulantes [que] transformam o tradicional Jardim da Luz num verdadeiro mercado", enfatizando para o espectador que a "desordem, a confusão e a sujeira tomam conta das calçadas e dos canteiros outrora bem tratados".

A "desordem", a "confusão" e a "sujeira" que não combinam com os "canteiros outrora bem tratados", certamente aludem à anterior administração adhemarista – e quando ainda o governador era quem indicava o chefe do executivo municipal. Porém, por mais eleitoreira a denúncia de que os "dirigentes da São Paulo quadricentenária, negligenciam quanto ao sa-

---

80   Cf. Girardet, Raoul. Mitos e Mitologias Políticas, op. cit., p. 155-56.

81   Cf. Certeau, Michel de. A Cultura no Plural, op. cit., p. 41.

82   Como lembra Michel de Certeau: o "imaginário está no 'ver'", ou seja, "existir é ser visto", ibidem, p. 43.

83   O que, vale dizer, que a "indesejabilidade" não está no ato, mas no "enquadramento" de um determinado setor da sociedade. Cf. Samet, Henrique. "A Construção da Brasilidade Excludente", op. cit., p. 51.

84   Bandeirante da Tela n. 600, op. cit.

neamento da cidade de Nóbrega e Anchieta", uma postura conservadora tensiona signos do cotidiano, tratando grosseiramente as camadas populares ao criticar os vendedores de frutas "cujas cascas se espalham pelo chão", ou os "refrescos servidos em copos mal lavados, atentatórios à higiene", mas que são consumidos diariamente por transeuntes de baixa renda, por exemplo. E na lógica de um ambíguo discurso vigilante,[85] camelôs, ambulantes, imigrantes ou nordestinos, são envoltos em uma aura discriminatória, que os julga, de antemão, como representações de um problema porvir.

Muito embora o BT tenha contribuído para avivar o discurso adhemarista, algumas escolhas são claras quanto ao que deveria ser mostrado no cinema. Um exemplo disso é a *Ala Negra Progressista* que divulgou panfletos informativos, entre 1949 e 1952, vinculando Adhemar de Barros às festas e aos candidatos ligados às comunidades negras de bairros pobres paulistanos,[86] e que sequer é citada nos números catalogados na Cinemateca Brasileira deste mesmo período. Ainda que em nome dos "ideais progressistas" uma porta de entrada ao jogo democrático e político estivesse aberta, conferindo certa participação aos setores socialmente desfavorecidos, não foi esta chave de relacionamento que apareceu nas telas do cinejornal. Mas, por exemplo, a do cidadão negro enquanto presença garantida nas filas assistencialistas do teatro adhemarista para o cinema, numa chave bastante marginalizada como vimos anteriormente no BT 415 (1951). Neste caso, não há registros, por exemplo, da aproximação de Adhemar de Barros às religiões afrodescendentes, muito embora esse contato existisse,[87] e à custa de duras críticas por parte da oposição.[88] Nesse caso, a opção de não levar às telas

---

85   Em que um "biscateiro, em uma circunstância, era um trabalhador eventual; em outra poderia ser vadio". *Cf.* Samet, Henrique. "A Construção da Brasilidade Excludente", *op. cit.*, p. 52.

86   "Alerta – dia 22 de Setembro de 1951". Panfleto da *Ala Negra Progressista*. São Paulo, setembro de 1951; "Alerta para os dias 28 e 29 de Junho de 952". Panfleto da *Ala Negra Progressista*. São Paulo, junho de 1952; "Alerta! Dias 28 e 29 – Grandiosas Festas da Chita". Panfleto da *Ala Negra Progressista*. São Paulo, junho de 1952; "Alerta! Dia 23 de Setembro". Panfleto da *Ala Negra Progressista*. São Paulo, s/d.; "Alerta! Dia 7 de Setembro... Dia da Independência do Brasil". Panfleto da *Ala Negra Progressista*. São Paulo, setembro, s/d.; "Alerta – 2 de Setembro". Panfleto da *Ala Negra Progressista*. São Paulo, s/d.; "Alerta Povo – 6 de Outubro". Panfleto da *Ala Negra Progressista*. São Paulo, s/d. Pront. 101.018 - Ala Negra Progressista. DEOPS-APESP.

87   "Brasileiros Alerta – Festa da Mãe Preta". Panfleto da *Ala Negra Progressista*. São Paulo, dezembro de 1949. *Ibidem.*

88   "(...) um homem público, tanto quanto qualquer outro tem o direito de possuir sua crença, de filiar-se a um culto, ou de estabelecer sua devoção. Mas não será um traço revelador de mau caráter, o fato de uma pessoa apresentar-se, para efeitos demagógicos, ora espírita, ora católico, e ora praticante de macumba ou baixo espiritismo, sempre de acordo com as conveniências do momento? (...) um governadorzinho de Umbanda? Um governador que chega a abrir os portões do palácio para que passe no carro oficial, a Maria Macumbeira? Que vai ao ponto de iluminar ou escurecer os salões do palácio do governo para invocar os espíritos ou matar galos

do cinema tal aproximação é reveladora do receio em "manchar" a imagem de Adhemar de Barros construída nas sessões cinematográficas.

Contudo, para se comunicar com um povo, que nas falas de correligionários do PSP "não quer palavras, quer ações",[89] através de um veículo inserido semanalmente no maior divertimento público de massa, o cinejornal se apresentava com um extenso cenário de atualidades – correspondente aos interesses econômicos, políticos e privados, e envolvendo patrocinadores, exibidores e distribuidores – em que os contrastes sociais, por mais que diluídos, estiveram presentes.

Adhemar de Barros é convidado ilustre na "Festa da Mãe Preta". Evento de caráter religioso organizado pela Ala Negra Progressista. Fundo DEOPS/AESP.

Mas foi justamente por mostrar na tela acontecimentos presentes no cotidiano de diferentes camadas sociais que o discurso de Adhemar de Barros foi beneficiado. O BT fez transitar em seus segmentos uma amálgama de valores e angústias de setores da sociedade, enquanto propunha outra dimensão de cidadania ao espectador.[90] Ou seja, no mosaico de

---

pretos?". *Cf.* Alves Filho, Francisco Rodrigues. *Um Homem Ameaça o Brasil*, op. cit., p. 114; *Cf.* Kawak, Gabriel. *O Trevo e a Vassoura*, op. cit., p. 263.

89 Relatório de Reynaldo Pisapio, Investigador da Seção de Policiamento de Ordem Política, ao Delegado Especializado de Ordem Política, sobre a Sessão Solene de Instalação dos Diretórios Distritais do Partido Social Progressista. São Paulo, 1 de julho de 1946. Pront. 069.506 – Partido Social Progressista. DEOPS-APESP.

90 A cidade – o "lugar" das representações – vista na tela, e igualmente representada, passa a ser "conhecida" pelo espectador através da massificação do cinema que "transforma a cidade ao filmá-la [e] transforma uma segunda vez ao difundi-la", de maneira que a representação da cidade "passa a fazer parte da imagem que o cidadão tem da própria cidade". Nesse sentido, a cada experiência subjetiva – cada cidadão e seus filtros cultu-

temas e notícias exibidos nas sessões cinematográficas, signos críveis do cotidiano[91] foram transpostos das experiências concretas das pessoas, delineando identidades presentes numa sociedade desigual e que, apresentadas pelo cinejornal adhemarista, reforçaram o convite feito ao espectador para participar do seu projeto político. Por exemplo, a própria composição nas imagens de um clássico futebolístico entre Corinthians e São Paulo,[92] ou Palmeiras e Portuguesa de Desportos,[93] no estádio do Pacaembu – aliás, inaugurado em 1940 na interventoria de Adhemar de Barros –, com arquibancadas lotadas de diversos segmentos sociais e ângulos possíveis de serem vistos e revistos no cinema. E esportes como polo, também presentes no BT,[94] mas nada representativos das camadas populares, e por isso, delimitador de barreiras sociais. Sobretudo quando sua notícia antecede o segmento da chegada de famílias nordestinas a São Paulo,[95] numa das mais claras discrepâncias sociais trazidas à tela.

"Futebol": bastante presente no BT (trinta e duas ocorrências ao todo)... ... com arquibancadas repletas no estádio do Pacaembu e...

---

rais – um caleidoscópio de experiências, umas conhecidas, outras inovadoras, contribui, em última instância, para redefinir o seu sentimento de pertencimento àquilo que assiste. Cf. Machado Jr., Rubens L. *São Paulo em Movimento*, op. cit., p 1-4.

91   Cf. Certeau, Michel de. *A Cultura no Plural*, op. cit., p. 27.

92   *Bandeirante da Tela n. 586*. São Paulo: Divulgação Cinematográfica Bandeirante, 1954. Fita de vídeo (5min-47seg), VHS, mudo, p&b, VV00048. Cinemateca Brasileira.

93   *Bandeirante da Tela n. 672*. São Paulo: Divulgação Cinematográfica Bandeirante, 1955. Fita de vídeo (6min-48seg), VHS, sonoro, p&b, VV00099. Cinemateca Brasileira.

94   *Bandeirante da Tela n. 577*. São Paulo: Divulgação Cinematográfica Bandeirante, 1954. Fita de vídeo (6min-45seg), VHS, sonoro, p&b, VV00099. Cinemateca Brasileira.

95   *Bandeirante da Tela n. 549*, op. cit.

UM BANDEIRANTE NAS TELAS

... lances registrados numa dimensão cinematográfica. Bandeirante da Tela nº 586, 1954. Acervo Cinemateca Brasileira.

"Polo": nada representativo das camadas populares, mas com espaço reservado no fragmentado universo do cinejornal adhemarista. Ilustrando, inclusive, as disparidades...

... de uma sociedade desigual, quando tal notícia antecede a chegada de "levas e levas" de nordestinos. Bandeirante da Tela nº 549, 1953. Acervo Cinemateca Brasileira.

  Muitos outros elementos deram um ar de "credibilidade" ao cinejornal porque devolveram ao público uma espécie de espetáculo do real, com eventos do dia a dia. Como nos exemplos das manifestações religiosas[96] ou comemorações cívicas,[97] as praças, ruas e lugares por onde o espectador eventualmente transitava, ou mesmo tragédias, como nos diversos planos de um prédio em chamas,[98] ou uma ambulância tombada na rua, num acidente de trânsito,[99] ou, ainda, uma panorâmica em plano geral de várias pessoas "que permaneceram horas em comentários" à beira de um rio, observando homens do Corpo de Bombeiros na

---

96 Como mostrado anteriormente, nos BT 669 e 674, ambos de 1955.

97 São 49 ocorrências para o termo "efeméride" entre os 128 cinejornais do catálogo da Cinemateca Brasileira. *Cf.* Cinemateca Brasileira. *Bandeirante da Tela*, op. cit.

98 *Bandeirante da Tela* n. 577, op. cit.

99 *Bandeirante da Tela* n. 600, op. cit.

busca por vítimas de afogamento[100] – "... curiosidade ou manifestação de solidariedade humana?", pergunta o locutor sobre o comportamento do próprio espectador.

E em meio à narrativa do cotidiano levada às telas, sinais do conservadorismo e da exaltação de uma São Paulo em desenvolvimento deixaram fortes marcas na representação adhemarista, principalmente ao retratar os estratos sociais mais pobres, como já foi discutido. Nesse sentido, destacam-se as ocasiões em que a câmera do BT tratou das favelas de São Paulo. No BT 591 (1954) este traço conservador é evidente quando, mais uma vez na chave da denúncia das mazelas da administração janista, numa cidade em seu IV Centenário. Com uma música alegre, quase circense, uma vista aérea "varre" o bairro do Pacaembu, suas casas, prédios e o estádio municipal. Em seguida, outra vista aérea sobrevoa o centro mostrando o "dinamismo da metrópole que mais cresce no mundo". Uma panorâmica em plano médio passa por algumas casas e barracos na favela, contrastando as cenas anteriores do centro, e informando: "nos bairros, porém, o realismo que choca". Entretanto, o que se vê não se confirma, pois se trata de uma quase idílica representação de meninos correndo e brincando, numa composição cenográfica marcada por espaços vazios, organizados até, algo bastante distante de um "realismo chocante".

O que segue são algumas tomadas de casas com vigas de madeira escoradas para evitar um eventual desmoronamento, pois, como sentencia o narrador, "mais que o aspecto deselegante, o perigo eminente" cerca tais casas que ficam a "a dez minutos do centro". Ainda sobre as mesmas cenas, o segmento finaliza com uma irônica fala de que as "as garotas vizinhas" – as que moram no centro, portanto – "estão proibidas de usar tomara-que-caia", numa alusão às casas que estão quase caindo.[101] Nesta representação, o espaço da favela, próxima do centro e de um bairro nobre como o Pacaembu, é moldado de acordo com a ética do progresso e da organização da "metrópole que mais cresce". Não se vê uma situação mais verossímil dos espaços reservado aos barracos, como, por exemplo, com a falta de saneamento. Além da solução jocosa da fala final, mas que caminha entre a ironia e o descaso para amenizar a situação; não são tratadas questões prementes das parcelas mais necessitadas de São Paulo, talvez para não manchar o "berço esplêndido" do político paulista realizador e moderno que se vale do mesmo cinejornal.

---

100 *Ibidem.*

101 Este registro foi rapidamente analisado por Rubens Machado em artigo sobre as manifestações cinematográficas paulistanas até a primeira metade de século XX. *Cf.* Machado Jr., Rubens L. "São Paulo e o Seu Cinema: para uma história das manifestações cinematográficas paulistas (1899 – 1954). In: Porta, Paulo (org.). *História da Cidade de São Paulo: a cidade no Império.* V. 2. São Paulo: Ministério da Cultura / Paz e Terra, 2004, p. 457-505, p. 493.

UM BANDEIRANTE NAS TELAS

Uma tomada aérea do bairro do Pacaembu, São Paulo, com grande destaque para o Estádio Municipal inaugurado numa gestão adhemarista...

... compondo com o grandioso "berço esplêndido" de uma cidade que, sob a ótica da modernidade e do progresso, não para de crescer...

... até mesmo nos espaços menos favorecidos, com barracos organizados, onde o que "predomina" é a harmonia das crianças que brincam, apesar de viverem numa favela. Bandeirante da Tela nº 591, 1954. Acervo Cinemateca Brasileira

Em outro exemplo, BT 696 (1955),[102] o mesmo acontece. Num ano de eleições presidenciais o discurso adhemarista não escapa ao dilema: denunciar a atual administração para rememorar as realizações de Adhemar de Barros, porém, não mostrar as mazelas ou passar uma imagem muito ruim da terra a qual pertence o político progressista. Em "Registros", mais uma denúncia aborda a questão da "baixa moradia". Nas tomadas em plano geral da Avenida Paulista com suas residências, jardins e o transito intenso de carros na rua, constata-se que ela "continua sendo uma das mais finas artérias de São Paulo". E após mais um plano geral sobre um prédio em construção na avenida, há a informação de que "ao lado de antigas e belas residências estão sendo construídos luxuosos prédios e apartamentos para moradias de pessoas de largas posses". Feita a introdução, que estabelece o status dessa "fina

---

102 *Bandeirante da Tela n. 696*. São Paulo: Divulgação Cinematográfica Bandeirante, 1955. Fita de vídeo (6min-45seg), VHS, sonoro, p&b, VV00099. Cinemateca Brasileira.

artéria" da cidade, surgem alguns planos de uma construção, que tem ao lado um conjunto de casas pobres. Logo, a informação de que na Avenida Paulista "vamos encontrar uma favelinha". E com três tomadas distintas em plano geral de uma mesma viela, com casas e barracos, a representação novamente percorre por uma favela quase "ideal": não há presença de moradores e, ainda que "a miséria e a promiscuidade instalaram-se no reduto da riqueza e do luxo", o que as câmeras do BT mostram são duas crianças que brincam num espaço de terra batida, compondo um quadro algo bucólico. "O contraste é chocante! Comprometendo a estética urbana e depondo contra os órgãos de assistência social". Contudo, "chocante" parece ser tensão que o registro cinematográfico comporta.

Neste segmento, as citadas "miséria" e "promiscuidade" traduzem um preconceito elitista preocupado com a estética urbana, cabendo aos "órgãos de assistência social" a tarefa de higienizar a cidade. Por outro lado, mesmo com imagens até mais "ousadas" que a do BT 591, persiste a representação da favela com espaços organizados, com os seus entulhos reunidos num beco, e até um quintal onde as crianças brincam livremente – muito embora os adultos moradores da favela, mulheres e homens, estejam apenas sugeridos pela voz over. Nesse sentido, a mensagem criada é que em São Paulo também existem favelas, porém organizadas e, talvez, melhores das que se vê em outros centros brasileiros. Um registro também pensado para ser mostrado em outras capitais brasileiras, tentando não deteriorar demais a imagem da terra que um dia foi governada por Adhemar de Barros.[103]

A alternância de tomadas em plano geral do mesmo local, e não mostrando seus moradores...

... cria-se um espaço organizado, onde alguns detalhes, como a inserção...

---

103 Não nos foi possível aferir, com a devida segurança, a efetiva distribuição do BT para outros estados brasileiros. Acreditamos que ela tenha ocorrido, principalmente no ano de 1955, dadas as eleições presidenciais. E, dessa forma, ter composto a estratégia política de propaganda executada pelos diretórios do PSP pelo Brasil.

... de um beco com entulhos denunciam o que compromete a "estética urbana". Porém, numa favela na "cidade que mais cresce" tudo é muito ordenado, pois...

... crianças brincam tranquilamente, numa clara opção de compor um retrato mais equilibrado à favela paulistana. Bandeirante da Tela nº 696, 1955. Acervo Cinemateca Brasileira.

Em última instância, é o elogio ao "berço esplêndido", a imagem da metrópole que "não para de crescer", que se quer passar. E que na representação dos seus excluídos ainda é capaz de harmonizar diferenças sociais, como no discurso cinematográfico do BT. Também não custa lembrar que a exaltação do "reduto da riqueza e do luxo" é patente quando associado ao histórico do cinejornal adhemarista em noticiar eventos sociais das médias e altas classes paulistanas: das notícias sobre o Aeroporto de Congonhas,[104] símbolo da modernidade e mais uma realização de Adhemar de Barros, passando pelos casamentos e festas beneficentes,[105] até as coberturas do Grande Prêmio do Jóquei Clube de São Paulo, como no BT 577 (1954),[106] com destaque às moças da *high-society* paulistana em trajes finos, e que não param de posar para a câmera.

No Jóquei Clube, em São Paulo, tomadas em primeiro plano...

e em plano americano (ou meia-figura) registram senhoritas...

---

104 *Bandeirante da Tela* n. 678, op. cit.

105 Para as notícias de casamento, geralmente noticiando as famílias abastadas, temos 8 ocorrências; e para eventos circundantes às ações filantrópicas, 14 ocorrências. Cf. CINEMATECA, *op. cit.*

106 *Bandeirante da Tela* n. 577, op. cit.

... que exibem para as câmeras a última palavra em moda e...

... elegância. Bandeirante da Tela n° 577, 1954. Acervo Cinemateca Brasileira.

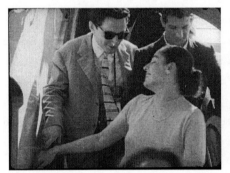
Modernidade e pessoas felizes se combinam no registro das realizações adhemaristas, como por exemplo, os melhoramentos...

... feitos no Aeroporto de Congonhas, SP. Bandeirante da Tela n° 678, 1955. Acervo Cinemateca Brasileira.

Mas ao trazer do cotidiano paulista signos críveis de diferentes camadas sociais, e compondo ao mesmo tempo com as necessidades de atender a propaganda eleitoreira, a credibilidade almejada colidiu com a pretensa naturalidade no discurso adhemarista. Por mais que fossem registrados acontecimentos colhidos do dia a dia, os interesses políticos de Adhemar de Barros denunciam os lapsos de uma revista semanal vista nas telas de cinema. Somam-se a isto as limitações técnicas, num quadro de produção que não contou com o subsídio estatal, pois, vale lembrar, o BT foi fruto de anseios propagandísticos e privados de um político e um partido.

A própria linguagem cinematográfica, ao reconstruir um tempo e espaço que lhe são próprios, deixa lapsos que as imagens revelam. E, neste sentido, descortinam a artificialidade que o discurso político se esforçou em ocultar. Vários enquadramentos de Adhemar de Barros, por exemplo, sugerem uma enormidade de pessoas ao seu redor, sem uma continuidade visual que a comprove, e sustentada apenas pela fala do narrador. Este, só faz sustentar, repetidamente, as informações visualmente ausentes nas imagens, com comentários sobre as "significativas manifestações prestadas" das pessoas visitadas pelo líder pessepista.

Em Juiz de fora, MG. Adhemar faz seu discurso para presidente num palanque oficial que, em momento algum, segue em continuidade visual (sem cortes)...

... para uma plateia que aplaude e acena para o cinegrafista. Bandeirante da Tela nº 696, 1955. Acervo Cinemateca Brasileira.

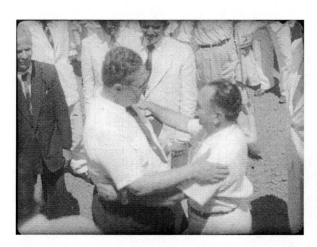

No Amapá, "significativas manifestações prestadas" são registradas com uma simples recepção de Adhemar pelas autoridades locais. Bandeirante da Tela nº 678, 1955. Acervo Cinemateca Brasileira.

Mas a constatação da ausência de rigor técnico também é reveladora da desatenção na montagem do que foi levado ao público espectador. Nesse sentido, o maior exemplo está nos registros de pessoas que olham para a câmera, devolvendo o seu olhar, e revelando, neste simples gesto, não só construção cinematográfica, mas um tipo de *protagonismo das massas*,[107] traduzido nos semblantes e nos olhares insatisfeitos. Um

---

107 Não exatamente um protagonismo passivo afeito aos eventos grandiloquentes nos cinejornais franquistas, com o apontado por Vicente Sanchez-Biosca. Cf. *NO-DO: El Tiempo y La Memoria*, op. cit., p. 286; ou como uma "entidade" participativa, segundo as análises de Siegfried Kracauer sobre os cinejornais nazistas,

dado revelador, inclusive, da violência cometida com as pessoas que não queriam estar ali, ou em tal condição, ou mesmo diante de uma câmera que se sabia estar a serviço de um determinado político.

Em São Paulo, pessoas participam de evento olhando para a câmera. Não seria essa a razão de estarem lá? Enquanto nem todos...

... aceitam participar do teatro político, negando, inclusive, um olhar amigável à câmera. Bandeirante da Tela nº 669, 1955. Acervo Cinemateca Brasileira.

Entre as famílias que chegaram do nordeste, o olhar do rapaz é revelador da "violência" em estarem expostos ao constrangimento. Bandeirante da Tela nº 549, 1953. Acervo Cinemateca Brasileira.

Caminhões, ônibus e automóveis enfeitados, ou manifestações de um pequeno grupo de pessoas tomado isoladamente pela câmera, podem sugerir que foram feitos dentro de um roteiro previamente estabelecido para o teatro político. De certa forma,

---

cuja estética negava o homem em favor da massa enquanto "entidade". *Cf.* Kracauer, Siegfried. "The Conquest of Europe on the Screen", *op. cit.*, p. 28; mas um protagonismo diante da câmera, de um olhar revelador da situação daquele que não está "diluído" em meio à massa. Algo corriqueiro no BT, que não possuía cenários grandiloquentes à disposição. Tampouco um líder que contasse com uma massa prontamente mobilizada para o seu ritual do poder.

todos representaram para a câmera ali colocada, seja por um compromisso ideológico ou o desejo de aparecer junto ao "líder populista",[108] ou porque simplesmente quisessem se ver, por pura curiosidade ou vontade de participar do espetáculo cinematográfico. Mas há também aqueles que "recusam" a câmera, ou demonstram claramente um clima oposto ao que se pretendia para a narrativa adhemarista, sobretudo na preocupação com os pobres. Neste caso, o discurso assistencialista sempre buscou a aceitação e satisfação das pessoas na entrega das benesses de Dona Leonor. Mas nem sempre as imagens corroboraram, e são muito mais reveladoras ao cansaço das pessoas após uma longa fila de espera, ou do aborrecimento das mesmas diante da exploração de sua subserviência diante das câmeras.

Na reprodução de um simples plano-sequência, Dona Leonor conversa com um dos seus convidados enquanto alguém, ao fundo, se mostra bastante preocupada com o público espectador do cinema. Bandeirante da Tela nº 416, 1951. Acervo Cinemateca Brasileira.

---

108 Ou melhor, sentir-se semelhante à liderança política, no sentido em que ao "(...) fazer do líder seu ideal, o sujeito ama a si mesmo". *Cf.* Adorno, Theodor W. "A Teoria Freudiana e o Padrão da Propaganda Fascista", *op. cit.*, p. 175.

Semblantes cansados revelam a exploração da pobreza pelo teatro assistencialista do político. Bandeirante da Tela nº 679, 1955. Acervo Cinemateca Brasileira.

Ainda que hesitante, a menina estende a mão representando, num gesto, um apelo popular bastante explorado pelo cinejornal. Bandeirante da Tela nº 577, 1954. Acervo Cinemateca Brasileira.

Amontoados num morro ou próximos à linha de trem, a regra é mostrar o maior número de pessoas assistidas, a despeito das condições a que são submetidas para realizarem o adhemarismo no cinema. Como num desfile de figurantes miseráveis.

... a exemplo da mulher com crianças, que antes mesmo de entrar no campo visual, já olha para câmera, indicando saber qual o seu papel naquele ritual do poder. Bandeirante da Tela nº 577, 1954. Acervo Cinemateca Brasileira.

A estratégia de Adhemar de Barros foi cultivar uma memória política atrelada à representação de realizações e amor ao próximo. Mas tal memória audiovisual, através do seu cinejornal, desvela um discurso conflitante, inclusive com as representações veiculadas em outros suportes de propaganda. Contudo, caberia perguntar ao discurso adhemarista qual foi espaço das camadas populares, que eram retratadas de forma tão marginal no BT? Porque não mostrar, por exemplo, as pessoas vivendo nas favelas? A amostragem que ainda resta deste cinejornal revela, além de uma clara opção do que mostrar, o próprio descaso com a representação dos pobres. Nesse sentido, a prometida felicidade no projeto político adhemarista não consegue esconder a desigualdade que lhe é inerente, e o que se vê acaba revelando como um líder carismático é uma imagem construída, ou melhor, uma montagem tal qual o artefato fílmico. Se para criar uma popularidade para Adhemar de Barros o BT se valeu das angústias e dos valores da sociedade, quando esta é observada em detalhes, em filigrana, nos dá outro recado. Como não considerar, por exemplo, o desdém com as camadas sociais mais baixas (nordestinos, ambulantes, favelados, pessoas nas filas assistencialistas)? Ou passar imune aos detalhes de uma panorâmica em plano geral de famílias que se equilibram à beira de um barranco para serem agraciadas pela demonstração de "solidariedade humana dos bons". Ou a cena pungente de crianças, em especial uma menina, olhando para a câmera que rouba da sua inocência o elemento de credibilidade para um projeto de felicidade que é para poucos.

Uma longa panorâmica em plano-geral, da esquerda para a direita, mostra a enorme fila de pessoas (homens, mulheres e crianças, enfim, famílias) esperando pela distribuição das benesses pelo ilustre casal Adhemar de Barros e Dona Leonor. No momento em que a câmera capta, ela também revela a exploração visual de uma situação em que as pessoas, ao mesmo tempo que olham para a câmera, se equilibram num barranco. Bandeirante da Tela nº 679, 1955. Acervo Cinemateca Brasileira.

Crianças sentadas no chão de terra abrindo os presentes recebidos de Dona Leonor. Momento em que a câmera parece perseguir os olhares que validem a obra social de um projeto político que, no limite, contemple as camadas pobres na chave puramente assistencialista. Bandeirante da Tela nº 679, 1955. Acervo Cinemateca Brasileira.

UM INTERLOCUTOR PARA VÁRIOS DESEJOS: O "BANDEIRANTE" NA TELA

Se o discurso de Adhemar de Barros para as telas do cinema não conseguiu esconder uma sociedade desigual, resta saber qual foi o elo encontrado para a representação de um porta-voz do progresso. Ou melhor, como o político progressista manteve – ou tentou manter – a interlocução com diversos tipos de aspirações preservando os predicados do líder carismático bastante próximo a um *great little man*.[109] No palco que mesclou atores e o público na vida política brasileira que se democratizava, e num mosaico de imagens em que transitou a sua proposta adhemarista, qual força simbólica foi acionada para anunciar o porvir de um grupo e formalizar, ao espectador, o convite para um mesmo projeto e um mesmo futuro?[110]

Para entender a construção de um discurso palatável à sociedade paulista pelo adhemarismo, foi preciso recorrer a um *corpus* documental composto com outras fontes, e verificar o que foi disseminado pela estratégia adhemarista. Nesta busca, foi exemplar da retórica de Adhemar de Barros a imagem do bandeirante. Aliás, corroborando não somente o próprio título do seu cinejornal, mas também uma representação disseminada em outras formas propagandísticas, como a seguinte cédula partidária:[111]

Cédula partidária do PSP para as eleições de governador do estado, em 1947. Seu conteúdo comporta uma série de símbolos que marcariam presença, direta ou indiretamente, no BT. A começar pela iconografia consagrada do bandeirante, à esquerda, que "olha" para o "bandeirante da nova geração" (conforme os dizeres em detalhe) e suas realizações que pairam no horizonte iluminado da terra paulista (representada nos raios de sol e na bandeira do estado ao fundo). O caminho que corta ao meio a composição iconográfica nos remete ao lema "rasgar estradas" e a sua concretização por Adhemar: a Via Anchieta; assim como não poderia faltar nesta representação outra grande realização do novo bandeirante, que também era doutor, o Hospital das Clínicas (à direita da iconografia)...

---

109 Uma vez mais recorrendo ao conceito em que alguém "(...) sugere tanto onipotência quanto a ideia de que é apenas um de nós". *Cf.* Adorno, Theodor W. "A Teoria Freudiana e o Padrão da Propaganda Fascista", *op. cit.*, p. 175.

110 Lembrando a formulação de Bourdieu a respeito do porta-voz, que "(...) anuncia uma vontade, um projeto, uma esperança ou, muito simplesmente, um porvir a um grupo", e seus destinatários se reconhecem nela, "conferindo-lhe força simbólica e também material". *Cf.* Bourdieu, Pierre. *O Poder Simbólico*, *op. cit.*, p. 187.

111 Cédula Partidária do *Partido Social Progressista*. São Paulo, 1946. Caixa 631, pasta 02, doc. 003. Fundo Adhemar de Barros/APESP.

 ... No verso, imagens monumentais do político envolvido pela massa em comício ocorrido em Ribeirão Preto, em 12 de outubro de 1945 (como constam os dizeres no detalhe). Muitas bandeiras do estado e a frase lapidar de um adhemarismo arraigado ao solo bandeirante: "não tenho outra ambição que não seja a paz da família paulista". Fundo Adhemar de Barros/AESP.

O adhemarismo e toda a estrutura que lhe deu apoio – o partido e a forte propaganda – já foram observados como expressão de um fenômeno de "insubordinação paulista" frente aos partidos nacionalmente estruturados.[112] Nesse sentido, a retomada da simbologia bandeirante enquanto identidade para todos os paulistas[113] é sintomática dessa faceta insubordinada de Adhemar de Barros em relação aos partidos como o PTB e o PSD. Curiosamente o *seu* bandeirantismo pareceu ter se baseado, em parte, numa experiência ligada ao Estado Novo, cujos quadros intelectuais se esforçaram em traduzi-lo à *Marcha para o Oeste*, no sentido de marco fundador do pioneirismo e do progresso vislumbrado no governo varguista.[114] Coube, para isso, até mesmo apostas cinematográficas que tentaram traduzir o potencial iconográfico do tema, a exemplo do filme *Os Ban-*

---

112 O adhemarismo "expressou, desde o início, um fenômeno de 'insubordinação paulista' (...) não quis alinhar-se ao grande partido clientelista estatal, de porte nacional que era o PSD", e acabou montando sua própria máquina partidária. *Cf.* Cardoso, Fernando Henrique. "Partidos e deputados em São Paulo (o voto e a representação)". In: Lamounier, Bolívar e Cardoso, Fernando Henrique (coord.). *Os Partidos e as Eleições no Brasil*. Rio de Janeiro: Paz e Terra, 1978, p. 45-75, p. 50-1.

113 No contexto da evolução política e econômica do estado paulista (na virada do século XIX para o XX), a figura histórica do bandeirante (desbravador branco e europeu), de caçador e predador foi transformada em mito sublime, ícone da civilização e do progresso, compondo, assim, uma narrativa monumental da elite paulista. Ao longo do tempo, essa mesma narrativa corroborou a função assimiladora do mito, principalmente nos episódios de 1924 e 1932, fazendo com que "bandeirante" e "paulista" fossem vistos nos dicionários como termos sinônimos a partir de 1938; ou como "designações estendidas para todos aqueles que se integrassem na vida paulista, ou seja, que 'trabalhassem para São Paulo crescer'". *Cf.* Saliba, Elias T. "Histórias, Memórias, Tramas e Dramas da Identidade Paulistana", *op. cit.*, p. 575.

114 Numa chave em que a "Marcha para o Oeste" traduziria a sensação de nação em movimento e o estímulo à participação. Simbolicamente uma conquista, em que "(...) todos se sentissem coproprietários do território nacional". *Cf.* Lenharo, Alcir. *Sacralização da Política*. Campinas: Editora da Unicamp, 1986, p. 15.

deirantes (1940) de Humberto Mauro, enquanto narrativa monumental de um passado "autêntico" para aquele presente em desenvolvimento.[115]

Provavelmente atento a essa aposta, o então ex-interventor Adhemar de Barros valeu-se deste símbolo, já ensaiado no discurso varguista, para legitimar uma representatividade oferecida à sociedade, mas numa chave puramente regional: o político autenticamente paulista para as eleições estaduais de 1947. Nesse sentido, se o CJB transmitiu um caleidoscópio com imagens das atividades de um Brasil unificado e em marcha, e que no todo formava a bandeira nacional,[116] tal inspiração levou o BT a traduzir uma unidade paulista reinventada para o jogo democrático das eleições: o bandeirante na tela.

O "país em marcha", representado em cada gomo da bandeira nacional na abertura do CJB. Cine Jornal Brasileiro nº 155, 1942. Acervo Cinemateca Brasileira.

A iconografia bandeirante a serviço do político paulista, na abertura do seu cinejornal. Uma aposta que visitaria as telas a partir de 1947. Bandeirante da Tela nº 650, 1955. Acervo Cinemateca Brasileira.

Porém, a retomada de um ícone da tradição, do pioneirismo e do progresso paulista refletiu matrizes conservadoras mais profundas, manifestadas há quase uma década da reabertura democrática e abrigadas no seio do próprio partido de Adhemar de Barros.

Em sessão solene de instalação dos diretórios distritais do PSP, Miguel Reale foi um dos seus principais oradores.[117] Vice-presidente do PSP e Secretário de Justiça e Negócios

---

115 *Cf.* Morettin, Eduardo Victorio. *Humberto Mauro, Cinema, História.* São Paulo: Alameda, 2013, p. 303-339.

116 "Sobre cada gomo do losango era exposta uma atividade em marcha no país, com sucessivas aparições de navios de guerra em construção nos estaleiros, colheitas agrícolas abundantes, escolares em marcha, a aviação, formando um caleidoscópio da pujança do Brasil na Era Vargas". *Cf.* Souza, José Inácio de Melo. "Trabalhando com cinejornais: relato de uma experiência", *op. cit.,* p. 50.

117 Ocorrida no Cine Ritz na Avenida São João, em São Paulo, sala esta que, em seguida, exibiria em suas sessões o BT. Relatório de Reynaldo Pisapio, Investigador da Seção de Policiamento de Ordem Política, ao Delegado

UM BANDEIRANTE NAS TELAS

Interiores de São Paulo na gestão adhemarista (entre 1947 e 1950),[118] seu passado como membro da *Ação Integralista Brasileira* (AIB) é, no mínimo, um indicativo da presença, nas fileiras do PSP, de uma vertente que apregoava o bandeirantismo enquanto ideal de espírito e de Nação.[119] Neste mesmo caminho, vale dizer que não era gratuita a assinatura de Menotti Del Picchia, intelectual conhecido pelo seu fervoroso patriotismo paulista,[120] nas primeiras cartelas de apresentação do BT.[121] Sendo assim, a propaganda adhemarista ressoou tal apelo com a encarnação do "bandeirante da nova geração" pelo próprio Adhemar de Barros. Representação esta que continha tanto uma noção de unidade,[122] como de superioridade,[123] ambas intrínsecas ao mito bandeirante, sobretudo em relação aos não bandeirantes, ou seja, não paulistas. Nesse sentido, também se soma o ideal de "pátria" e "raça" paulista, que já atestara o poder de sua extrema mobilização na *Revolução de 32*. Não custa lembrar que, neste episódio, o "bandeirante era todo paulista que se dispusesse a partir para a luta".[124]

Mas a ideia de superioridade bandeirante, da supremacia de uma nação cujo passado está fortemente ligado a uma representação elitista,[125] parece não ter se acomodado

---

Especializado de Ordem Política, São Paulo, 1 de julho de 1946. Pront. 069.506 – Partido Social Progressista. DEOPS-APESP.

118 *Cf. Dicionário Histórico-Biográfico Brasileiro, op. cit.*, p. 4.908.

119 Que conclamava, segundo o próprio Miguel Reale nos seus tempos de AIB: "os novos bandeirantes para a conquista da terra de nós mesmos". *Cf.* Reale, Miguel *apud* Chauí, Marilena. "Apontamentos para uma crítica da Ação Integralista Brasileira". In: Chauí, Marilena e Franco, Maria Sylvia Carvalho. *Ideologia e Mobilização Popular*. Rio de Janeiro: Paz e Terra: Centro de Estudos de Cultura Contemporânea, 1978, p. 17-149, p. 41.

120 Sobre esse aspecto na obra de Menotti Del Picchia, *cf. O Despertar de São Paulo: Episódios do Século XVI e do Século XX na Terra Bandeirante*. São Paulo: Civilização Brasileira, 1933.

121 *Bandeirante da Tela S/N*. São Paulo: Divulgação Cinematográfica Bandeirante, 1947. Fita de vídeo, VHS, mudo, p&b. Cinemateca Brasileira.

122 Para Kátia Abud, "os estudos de História sobre o movimento bandeirista produziram conhecimento que permitiu que a simbologia fosse criada sobre o pano de fundo da unificação", seja ela racial, territorial, política ou econômica. *Cf.* Abud, Kátia Maria. *O Sangue Intimorato e as Nobilíssimas Tradições: a Construção de um Símbolo Paulista: o Bandeirante*. São Paulo: Tese de Doutorado em História Social apresentada à Faculdade de Filosofia, Letras e Ciências Humanas da Universidade de São Paulo, 1985, p. 9.

123 *Ibidem.*

124 Compondo o ideário da Revolução de 32, quando "na mobilização ideológica invocou-se a tradição do 'povo paulista', e fez-se reviver o mito das bandeiras em toda a sua plenitude. O bandeirante histórico foi transformado em símbolo do heroísmo e vigor da raça". Capelato, Maria Helena R. *O Movimento de 1932: a causa paulista*. 3ª ed. São Paulo: Brasiliense, 1981, p. 40.

125 Inclusive na chave psicológica de uma elite "quatrocentona" cujos filhos "paulistas educados" alimentam a convicção de uma psicologia coletiva herdada dos bandeirantes, traduzida no seu pioneirismo empreendedor. *Cf.* Love, Joseph. *A Locomotiva: São Paulo na Federação Brasileira (1889 – 1937)*. Rio de Janeiro: Paz e Terra, 1982, p. 107.

tão harmonicamente à apropriação pelo discurso adhemarista. O uso desse baluarte paulista gerou enfrentamentos, sobretudo políticos e midiáticos.[126] Durante seu mandato como governador eleito, Adhemar de Barros pareceu incomodar com sua alcunha de "bandeirante moderno". Nos livros com intuito de denunciar os desvios financeiros, políticos e até morais do líder pessepista, estiveram presentes a vergonha e até a ira dos que defendiam a "honra e as tradições do povo bandeirante".[127] Como em como panfletos inimigos, tendo como exemplo um que circulou em 1951, e que colocou o termo "adhemarismo" como sinônimo de "desonestidade, fraude, orgia, corrupção".[128] Insinuando se tratar de um farsante, de um "pseudo-populista" indigno das tradições que dizia ostentar. Um verdadeiro impostor, se comparado com o autor da mensagem: Borba·Gato, um legítimo bandeirante. Portanto, é importante ressaltar que o uso desta simbologia, inicialmente ligada ao discurso conservador paulista, pareceu ganhar contornos mais populares na apropriação adhemarista, na medida em que uma estratégia de propaganda pensada para os moldes cinematográficos contribuiu, pelo viés da massificação,[129] à mescla de dois mitos: o bandeirante e o progresso paulista, unificados na imagem de Adhemar de Barros. Este foi o convite do adhemarismo, pelo voto, à participação de tudo que o estado e a cidade tinham a oferecer num futuro de prosperidade contido no discurso político progressista. Para a "cidade que mais cresce" ou o estado que é a "locomotiva", a aposta consistiu em levar adiante a ideia de progresso, reinventada no político que se dizia um bandeirante. E que, com igual pioneirismo e vontade, levaria todos a participar de um mesmo projeto, ou melhor, todos que acreditassem e votassem naquele projeto.

126　Desde o início de sua carreira política como deputado estadual pelo PRP, em meados dos anos 1930, Adhemar de Barros foi combatido pela oposição do jornal *O Estado de S. Paulo*, situação que se estendeu aos mandatos de governador e prefeito, tendo sempre o seu prenome boicotado nas reportagens, aparecendo apenas "A. de Barros". *Cf.* Kawak, Gabriel. *O Trevo e a Vassoura, op. cit.*, p. 242-244. Vale lembrar que o jornal, pertencente à família de Júlio de Mesquista Filho, sempre esteve à frente da defesa dos valores paulistas – sobretudo na *Revolução de 32* – e que a oposição ao líder pessepista se agravou em 1940 quando, enquanto Interventor Federal, Adhemar de Barros interviu e suspendeu o jornal.

127　Ramalho, João. *A Administração Calamitosa do Snr. Adhemar de Barros em São Paulo, op. cit.*, p. 272.

128　*O Flagelo do Ademarismo, por Borba Gato.* São Paulo, transcrito da "Folha Democrática" de Araraquara. São Paulo, 18 de agosto de 1951. Caixa 631, pasta 02, doc. 012. Fundo Adhemar de Barros/APESP.

129　Corroborando com a assertiva de Certeau sobre a proliferação das mitologias, sobretudo mediante ao desenvolvimento técnico (aqui entendido como, por exemplo, os avanços dos meios de comunicação) que "transforma as crenças em legendas ainda mais carregadas de sentido". *Cf.* Certeau, Michel de. *A Cultura no Plural, op. cit.*, p. 41.

UM BANDEIRANTE NAS TELAS

Panfleto cuja mensagem procurou advertir os paulistas contra o que existia de pior: o adhemarismo, comandado por um bandeirante impostor. Fundo Adhemar de Barros/AESP.

Se após a Era Vargas o poder político de São Paulo diante do Brasil foi ofuscado, o significado do "ser bandeirante" fez acentuar ainda mais o seu caráter assimilador pelo viés do desenvolvimento e do progresso econômico.[130] O bandeirante ou o paulista "autêntico" passaram a ser todos os que trabalhavam por uma nação paulista próspera, projetada num porvir. Desta forma, tal "identidade" (bandeirante ou paulista) pôde estar de braços dados com a trama daquela sociedade permeada de tensões cotidianas entre o atraso e o progresso. De modo que tal representação pelo adhemarismo, nas eleições de 1947 e 1950, pode ter atendido os anseios de diferentes camadas sociais, tantos os setores médios (ansiosos para se distanciar do polo inferior da escala social, identificando-se com o conservadorismo nas representações adhemaristas); como os mais populares (identificados com a representação de um político popular próximo ao povo).[131] Estes posicionamentos refletiram, pelo voto, a vontade de pertencer à unidade e ser também um bandeirante. Entretanto, essa unidade pleiteada pelo discurso adhemarista não conteve a sua própria tensão para as pretensões seguintes, e a "apaziguadora certeza de uma total reconciliação consigo mesmos"[132] pareceu não ecoar como antes.

---

130 Cf. Saliba, Elias T. "Histórias, Memórias, Tramas e Dramas da Identidade Paulistana", op. cit., p. 585.

131 Contudo, há de se considerar que, em 1947, a aceitação junto à classe operária se deve a aproximação de Adhemar de Barros com o PCB. Já em 1950, na sucessão com Lucas Nogueira Garcez, o apoio do PTB foi decisivo, em troca da ajuda de Adhemar de Barros em São Paulo à candidatura de Getúlio Vargas – acordo do qual resultou a indicação do pessepista João Café Filho para vice-presidente.

132 Girardet, Raoul. Mitos e Mitologias Políticas, op. cit., p. 155-156.

No início de 1954, ano da mais importante efeméride paulistana, o IV Centenário da cidade de São Paulo, a situação política de Adhemar de Barros e do PSP não era das melhores. Se na esfera municipal despontava como força inovadora Jânio Quadros, então prefeito da capital paulista, no âmbito estadual as relações com o então governador Lucas Nogueira Garcez estavam bastante estremecidas, em razão da ingerência do grupo adhemarista na gestão do Governo Estadual. Nesse sentido, o adhemarismo não tinha o que festejar, pois as comemorações oficiais da efeméride estavam a cargo dos poderes públicos, e estes nas mãos de seus rivais e/ou desafetos. É sintomática, portanto, a ausência das comemorações oficiais no BT, em que nada de importante foi mostrado, exceto algumas denúncias da má administração dos dirigentes da São Paulo quadricentenária. Para o adhemarismo restava, porém, resgatar o que lhe era central em seu discurso, naquele importante ano de eleições estaduais. E assim o fez ao comemorar o IV Centenário da cidade no Nove de Julho de 1954.

O jornal *O Dia*, também de Adhemar de Barros,[133] realizou intensa cobertura da festividade programada para esta data e uma edição especial do BT foi dedicada ao evento. Nas imagens mostradas no cinejornal, o prefeito Jânio Quadros – provavelmente presente, dada à importância da data no contexto paulistano – foi eclipsado, e por pouco não vemos o governador, que aparece rapidamente de costas para a câmera. Tais adversários não poderiam "manchar" com suas presenças a notícia elogiada pelo cinejornal adhemarista. A data que melhor traduz a "epopeia paulista", justamente o dia da deflagração da Revolução de 1932, foi oportuna naquele ano para salientar a força retórica do bandeirantismo ostentado por Adhemar de Barros. Não deixando também passar a oportunidade de capitalizar politicamente o IV Centenário. A tônica do registro mostrado no BT não podia ser outra: as autoridades competentes fracassaram em organizar as comemorações do IV Centenário, por isso coube à iniciativa apoiada por Adhemar de Barros não deixar passá-lo despercebido.

---

133 *Cf.* Alves Filho, Francisco Rodrigues. *Um Homem Ameaça o Brasil, op. cit.*, p. 140; e Cannabrava Filho, Paulo. *Adhemar de Barros: Trajetórias e Realizações, op. cit.*, p. 221.

UM BANDEIRANTE NAS TELAS

 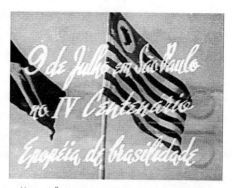

O Nove de Julho, data escolhida por Adhemar de Barros para se comemorar o IV Centenário de São Paulo. Uma "chuva de trevos de quatro folhas", símbolo adhemarista, cobriu a população presente ao festejo mostrado no BT...

...já que as "comemorações anteriores, organizadas pelas comissões do governo e da prefeitura resultaram em completo fracasso". Bandeirante da Tela Edição Especial, 1954. Acervo Cinemateca Brasileira.

Por mais que a popularidade de Adhemar de Barros fosse grande, tal qual a força do PSP em São Paulo, o ano de 1954 desvela as tensões na sua importante chave discursiva: a "unidade paulista". E por mais que o cinejornal adhemarista insistisse nos elogios ao progresso sem riscos, imbuídos de valores mantenedores, em último caso, da ordem, esse discurso se encontrava perdido numa pátria que já não era a do bandeirante, mas daqueles que cresciam com o desenvolvimento paulista: as camadas populares. Se o ritual do poder de Adhemar de Barros foi exercido no cinema durante a sua ascensão (a eleição em 1947, a sucessão de Lucas Nogueira Garcez em 1951, e a ascendência sobre este ainda em 1952); fora do poder o bandeirante ressentia o embate e o rompimento com forças políticas no âmbito regional e nacional – não podendo, inclusive, capitalizar a seu favor a morte de Getúlio Vargas, pois, naquele momento, havia rompido com o líder trabalhista.[134]

Após as derrotas nas eleições estaduais de 1954 e presidenciais de 1955, o adhemarismo vivia o seu paradoxo: apostar no excessivo zelo pelo passado de tradições e feitos paulistas, enquanto seus opositores entravam em sintonia com as transformações e renovações dos anos 1950. Nesse sentido, o BT não demonstrou a proposta efetiva de um projeto, mas um elogio à pátria bandeirante em detrimento da heterogeneidade das massas populares, relegando a estas uma condição atrelada ao assistencialismo. Assim, a propaganda adhe-

---

134 Ainda assim, o BT esboçou uma tentativa de capitalizar o episódio. Numa edição com montagem de tomadas desconexas, com imagens de distúrbios em São Paulo, Rio de Janeiro e em Porto Alegre, cidades onde o narrador informa a revolta do povo, sobretudo contra os inimigos de Vargas: as forças de esquerda e outras siglas partidárias que não o PSP. Nota-se, em meio ao quebra-quebra e tumulto, a exaltação às forças policiais que mantiveram a ordem. Cf. *Bandeirante da Tela s/n (Morte de Getúlio Vargas)*. São Paulo: Divulgação Cinematográfica Bandeirante, 1954, Fita de Vídeo (6min37seg), VHS, sonoro, p&b, VV00683.

RODRIGO ARCHANGELO

marista optou pelas tradições paulistas e não pela renovação do presente. Não deu a devida atenção aos homens e mulheres que vinham do nordeste e, ao invés disso, clamou pela ordem denunciando o caos numa cidade que se transformava. Para além dos embates político-ideológicos, a própria aposta de Adhemar de Barros num progressismo conservador, sem riscos, paternal, cristão e pequeno-burguês foi o erro de um discurso que se revelava conservador e distante das camadas populares, sobretudo urbanas.[135]

A pátria paulista já não era a do bandeirante, e este não mais aquele a quem recorrer. A pátria era daqueles que cresciam junto com o seu desenvolvimento, era da classe operária urbana, então mais atenta à proposta janista—[136] ou, em último caso, ao trabalhismo que Adhemar de Barros sequer representou, inserido que estava numa prática clientelística que lhe deu aporte.[137] Inversamente, os elogios ao progresso vistos no BT deixam claro um provincianismo desatento ao que "estava em sua volta",[138] e que não encontrou ecos nacionais porque já estava desgastado regionalmente.[139] Para Adhemar de Barros, que não tinha uma massa sempre o esperando por todo o Brasil – como se nota nas construções do BT, restava-lhe ostentar, resignadamente, a alcunha de um bandeirante, completamente "vazia". O adhemarismo, neste momento, não teve o que mostrar. Ao menos lhe sobrava o "berço-esplêndido", mas que traduzia, no limite de sua propaganda, o paradoxo da sua ausência de projeto, com o elogio às coisas paulistas em detrimento das massas populares. A estas,

---

135 O que explica a investida de Adhemar de Barros tanto na representação de um "caboclo franco" nas suas *Palestras ao Pé do Fogo*; como nas visitações ao interior paulista. Nos registros do BT catalogados pela CB, 25 ocorrências são de visitas às cidades do interior paulista. *Cf.* Cinemateca Brasileira, *Bandeirante da Tela. op. cit.*

136 *Cf.* Weffort, Francisco C., *O Populismo na Política Brasileira, op. cit.*, p. 33-36.

137 Que sustentava o adhemarismo, "mesmo quando o partido estava alijado da máquina estatal. Nunca se baseou, entretanto, em sindicatos e reivindicações trabalhistas, como o PTB, nem por outro lado confundiu-se inteiramente com setores do aparelho estatal, como o PSD. Ao contrário, organizou-se, utilizando o Estado, mas dele diferenciando-se. Esta estruturação permitiu ao partido e ao adhemarismo sobreviver nos momentos em que o partido perdeu o controle dos postos oficiais". *Cf.* Cardoso, Fernando Henrique. "Partidos e deputados em São Paulo (o voto e a representação)", *op. cit.*, p. 50-1; assim, o PSP se constituiu no "sustentáculo organizacional básico do adhemarismo, sem o qual o apelo populista de Adhemar tenderia a diluir", contudo "(...) um apelo populista difuso que é capaz de sensibilizar as massas trabalhadoras sem, contudo, ter condições de enquadrá-las partidariamente". *Cf.* Sampaio, Regina. *Adhemar de Barros e o PSP, op. cit.*, p. 110.

138 Provincianismo em que o Estado moderno e retrógrado, "pioneiro" é também aquele "que mais cultua o seu paradoxo", ou seja, o bandeirante. *Cf.* Moog, Vianna. *Bandeirantes e Pioneiros: Paralelo Entre Duas Culturas.* Rio de Janeiro: Civilização Brasileira, 1983, p. 172.

139 Embora concorde que "a imagem do bandeirante foi a representação que afinal se firmou, promovida a símbolo, idealizada e, talvez, *imagem mais cultivada pelo brasileiro*, apesar do surgimento dos novos tipos sociais e de seus respectivos símbolos", Moog, Viana *apud* Carlos Davinoff. *Bandeirantismo Verso e Reverso.* 8ª ed. São Paulo: Brasiliense, 1994, p. 90. Grifo nosso.

relegou um assistencialismo que, quando analisado em sua propaganda nos cinemas, desmistifica sua própria ação. Tratou o norte do Brasil como "pitoresco"; clamou pela ordem e denunciou o caos numa cidade que se transformava; alijou-se politicamente do poder regional e nacional; e não ouviu o povo que crescia com a modernidade. Adhemar de Barros e o seu cinejornal não perceberam tudo isso.

Assim, talvez, fique mais claro porque o adhemarismo não conseguiu alçar voos mais altos no cenário nacional. Se da "mítica paulista" ele tirou a sua força retórica, clamando pioneirismo e progresso, no mesmo pacote veio a sua fraqueza. Ao se colocar como mediador para uma série de desejos, Adhemar de Barros mergulhou fundo nos valores e nas tradições de São Paulo, mas não teve fôlego para subir à superfície com um discurso nacionalmente convincente. Ou seja, livrar-se deste enraizamento no solo bandeirante. Por mais que tenha investido em propaganda, o adhemarismo não traduziu uma nacionalidade para todo o território nacional no ano de eleição presidencial: ele foi, antes, um representante da pátria paulista por todo o Brasil.

Adhemar de Barros sendo homenageado em seu aniversário. Uma ocasião propícia para o moderno bandeirante reiterar os compromissos existentes em toda a sua retórica: cercado por seus correligionários, a bandeira paulista e a imagem de Jesus Cristo que paira sobre o político indica, de antemão, os valores contidos em seu discurso. Bandeirante da Tela nº 546, 1953. Acervo Cinemateca Brasileira.

CONSIDERAÇÕES FINAIS

Mais do que assistir e sistematizar uma série de cinejornal, revisitar suas edições é tomar contato com um discurso e um contexto permeado de representações de outrora. Nesse sentido, o ritualismo apresentado no BT colheu elementos do já simbolizado e "socializado em cada parte",[1] seja nas aspirações do momento ou nos valores tradicionais arraigados no cenário paulista. Logo, as películas visionadas não oferecem, simplesmente, fragmentos de um passado: em sua superfície estão vestígios das performances dos entes políticos, e evidências do que era culturalmente aceito. Ou seja, indícios de um tempo histórico transpostos numa chave envolvendo cinema e política. Sendo assim, este trabalho procurou seguir por uma análise política e cultural da História.

Não se trata, também, de apenas corroborar um conhecimento já levantado sobre o adhemarismo – embora se reconheça as contribuições dos inúmeros estudos aqui mencionados; mas de produzir uma abordagem diferente, tanto nos estudos sobre política como cinema. Ou seja, abordar em que medida um cinejornal é revelador dos traços mais marcantes de uma mitologia política, e como ele efetivamente participou do "fazer política" de uma personalidade que ajudou a popularizar na memória coletiva a alcunha de "líder populista". Nesse sentido, talvez as reflexões aqui apresentadas contribuam para um entendimento maior sobre a política nos anos de 1950, além do(s) uso(s) da imagem em movimento para fins eleitoreiros.

Contudo, ao trazer à tona o discurso progressista de Adhemar de Barros, foi possível mostrar como um regionalismo excludente travestido de modernidade contou com a potencialidade da veiculação do cinema. Assim, a desconstrução do discurso adhemarista

---

[1] Cf. Jean-Louis Leutrat. "Uma relação de diversos andares: cinema e história", *op. cit.*, p. 31.

no BT deixou nua a proposta: a de transpor o atraso regional (encenado pelos segmentos pobres da sociedade) como elemento marginal do seu "ritual do poder" exibido nos cinemas. De modo que, no projeto de futuro de Adhemar de Barros mostrado nas telas, todas as expectativas das camadas pobres foram contempladas num formato assistencialista, afeito ao discurso de uma classe-média conservadora, apegada a valores como a família e a religião. Logo, foi nesta toada que a representação do bandeirante moderno acontecia, apresentando-se como progressista em outros estados, "descendo" junto ao povo e buscando no estrangeiro soluções para a sua terra. Muito embora não realizando, como mostrado nas telas, um projeto de felicidade para todos. Ao contrário, acabou se perdendo (ou se encontrando?) nos elogios ao "berço esplêndido" paulista. As suas propostas, reclames, obras e realizações, ainda que lembradas fragmentariamente em meio às diversas notícias do cinejornal, evidenciam o descaso com as camadas que não se enquadravam na modernidade do seu discurso. E quando estas eram visualmente inevitáveis no registro audiovisual, exemplificaram como Adhemar de Barros olhava pelos pobres: protegendo-os, embora nada prometendo em troca, a não ser que "a ordem agora é se virar!" (BT 549) – talvez fosse esse o recado mais claro no "compromisso" adhemarista.

Se o BT repercutiu o progressismo adhemarista numa representação da modernidade, o fez em descompasso com as transformações daquele momento. Antes, esteve mais atrelado à falsa promessa de um futuro promissor, apaziguante e reconciliatório com a tradição. Nisso, a ambivalência das imagens do cinejornal de Adhemar de Barros pode ser comprovada em olhares e gestos das pessoas que foram exploradas em suas aparições. Se há interpretações que sustentam a ideia de manipulação das massas, aqui se observa uma *manipulação das cenas das massas*. E o fato de Adhemar de Barros ter voltado para mais um mandato em 1962 – e, importante lembrar, numa chave ainda mais conservadora – é um indicativo da força desse apelo à "ordem" e ao controle do "caos" representado anos antes nas imagens do BT.

Resta dizer que enxergar os bastidores do mito criado em torno do político Adhemar de Barros ainda é uma tarefa em aberto. E aqui foi apresentado apenas um esforço de ir mais afundo em um material preterido pelas publicações laudatórias, documentários institucionais e mesmo sites oficiais, justamente porque se trata de uma memória audiovisual que expõe o mito. Mas, ainda assim, o BT está à espera de novos e mais olhares. Enfim, esta pesquisa tentou concretizar a bem vinda analogia de um conhecido mestre devotado ao ofício da História: a de olhar para o passado com o mesmo cuidado dispensado ao manuseio de uma película antiga, desenrolando-a no sentido inverso, a começar pelos fotogramas mais recentes - as questões do nosso próprio presente. Foi assim, a partir dos filmes preservados na CB, que tratamos de reconstituir e compreender melhor um contexto, uma história e uma cultura política que ainda se faz sentir nos dias correntes.

REFERÊNCIAS BIBLIOGRÁFICAS

FILMOGRAFIA

[Adhemar de Barros]. São Paulo: 193?. Fita de vídeo (3min), VHS, mudo, p&b. VV 01560N. Cinemateca Brasileira.

Bandeirante da Tela, Ed. Especial – Nove de Julho no IV Centenário: Epopeia de Bra-silidade. *São Paulo: Divulgação Cinematográfica Bandeirante, 1954, Fita de Vídeo (10min54seg), VHS, sonoro, p&b, VV00206. Cinemateca Brasileira.*

Bandeirante da Tela S/N São Paulo: Divulgação Cinematográfica Bandeirante, 1947. Fita de vídeo), VHS, mudo, p&b. Cinemateca Brasileira.

Bandeirante da Tela n.372. São Paulo: Divulgação Cinematográfica Bandeirante, 1951. Fita de vídeo (8min55seg), VHS, sonoro, p&b, VV00098. Cinemateca Brasileira.

Bandeirante da Tela n.415. São Paulo: Divulgação Cinematográfica Bandeirante, 1955. Fita de vídeo (5min40seg), VHS, sonoro, p&b, VV00098. Cinemateca Brasileira.

Bandeirante da Tela n.416. São Paulo: Divulgação Cinematográfica Bandeirante, 1951. Fita de vídeo (6min47seg), VHS, mudo, p&b, VV00048. Cinemateca Brasileira.

Bandeirante da Tela n.501. São Paulo: Divulgação Cinematográfica Bandeirante, 1952. Fita de vídeo (7min56seg), VHS, sonoro, p&b, VV00098. Cinemateca.

Bandeirante da Tela n.521. São Paulo: Divulgação Cinematográfica Bandeirante, 1953. Fita de vídeo (8min), VHS, sonoro, p&b, VV00098. Cinemateca Brasileira.

Bandeirante da Tela n.546. São Paulo: Divulgação Cinematográfica Bandeirante, 1953. Fita de vídeo (6min50seg), VHS, sonoro, p&b, VV00048. Cinemateca Brasileira.

Bandeirante da Tela n.549. São Paulo: Divulgação Cinematográfica Bandeirante, 1953. Fita de vídeo (7min59seg), VHS, sonoro, p&b, VV00048. Cinemateca Brasileira.

Bandeirante da Tela n.577. São Paulo: Divulgação Cinematográfica Bandeirante, 1954. Fita de vídeo (6min45seg), VHS, sonoro, p&b, VV00099. Cinemateca Brasileira.

Bandeirante da Tela n.585. São Paulo: Divulgação Cinematográfica Bandeirante, 1954. Fita de vídeo (6min40seg), VHS, sonoro, p&b, VV00048. Cinemateca Brasileira

Bandeirante da Tela n.588. São Paulo: Divulgação Cinematográfica Bandeirante, 1954. Fita de vídeo (6min3seg), VHS, sonoro, p&b, VV00048. Cinemateca Brasileira.

Bandeirante da Tela n.591. São Paulo: Divulgação Cinematográfica Bandeirante, 1954. Fita de vídeo (6min14seg), VHS, sonoro, p&b, VV00048. Cinemateca Brasileira.

Bandeirante da Tela n.685. São Paulo: Divulgação Cinematográfica Bandeirante, 1955. Fita de vídeo (6min40seg), VHS, sonoro, p&b, VV00048. Cinemateca Brasileira.

Bandeirante da Tela n.650. São Paulo: Divulgação Cinematográfica Bandeirante, 1955. Fita de vídeo (7min36seg), VHS, sonoro, p&b, VV00098. Cinemateca.

Bandeirante da Tela n.669. São Paulo: Divulgação Cinematográfica Bandeirante, 1955. Fita de vídeo (7min), VHS, sonoro, p&b, VV00099. Cinemateca Brasileira.

Bandeirante da Tela n.672. São Paulo: Divulgação Cinematográfica Bandeirante, 1955. Fita de vídeo (6min48seg), VHS, sonoro, p&b, VV00099. Cinemateca Brasileira.

Bandeirante da Tela n.674. São Paulo: Divulgação Cinematográfica Bandeirante, 1955. Fita de vídeo (5min24seg), VHS, sonoro, p&b, VV00099. Cinemateca Brasileira.

Bandeirante da Tela n.678. São Paulo: Divulgação Cinematográfica Bandeirante, 1955. Fita de vídeo (7min17seg), VHS, sonoro, p&b, VV00099. Cinemateca Brasileira.

Bandeirante da Tela n.679. São Paulo: Divulgação Cinematográfica Bandeirante, 1955. Fita de vídeo (7min), VHS, mudo, p&b, VV00099. Cinemateca Brasileira.

Bandeirante da Tela n.696. São Paulo: Divulgação Cinematográfica Bandeirante, 1955. Fita de vídeo (6min45seg), VHS, sonoro, p&b, VV00099. Cinemateca Brasileira.

Bandeirante da Tela s/n (Morte de Getúlio Vargas). São Paulo: Divulgação Cinematográfica Bandeirante, 1954, Fita de Vídeo (6min37seg), VHS, sonoro, p&b, VV00683. Cinemateca Brasileira.

Cine Jornal Brasileiro v. 1, n.055. Rio de Janeiro: Departamento de Imprensa e Propaganda, 1939. Fita de vídeo (5min88seg), VHS, sonoro, p&b, VV00047N. Cinemateca Brasileira.

Cine Jornal Brasileiro v.1, n.083. Rio de Janeiro: Departamento de Imprensa e Propaganda, 1940. Fita de vídeo (6min76seg), VHS, sonoro, p&b, VV00096M Cinemateca Brasileira.

Cine Jornal Informativo v. 2, n.52. Rio de Janeiro: Agência Nacional, 1951. Fita de vídeo (9min23seg), VHS, sonoro, p&b, Arquivo Nacional, Rio de Janeiro – RJ.

Cine Jornal Informativo v. 3, n.35. Rio de Janeiro: Agência Nacional, 1952. Fita de vídeo (8min40seg), VHS, sonoro, p&b, Arquivo Nacional, Rio de Janeiro – RJ.

Getúlio Vargas e Adhemar de Barros – visita a Goodyear. São Paulo: Rossi - Rex Film, 1938-1941. Fita de vídeo (6min14seg), VHS, mudo, p&b. VV01581N.

Primeiro aniversário do Estado Novo. São Paulo: Garnier Film, 1938. Fita de vídeo (6min-32seg), VHS, mudo, p&b. VV00097. Cinemateca Brasileira.

FONTES ORAIS

SOUZA, Carlos Roberto de. Entrevista concedida na Cinemateca Brasileira, em São Paulo, em 27 de Outubro de 2004.

BARRO, Máximo. Entrevista concedida na Biblioteca da Faculdade de Comunicação da FAAP, em São Paulo, em 19 de maio de 2005. Fita cassete (45min).

FUNDOS INSTITUCIONAIS

Hemeroteca – Cinemateca Brasileira

"Complemento Nacional ou Publicidade?", A Crítica de São Paulo de 16 a 23 de abril de 1959. Hemeroteca - Cinemateca Brasileira, pasta 995, doc. 2.

"Divulgação Cinematográfica Bandeirante S. A. – relatório da diretoria". Diário Oficial de São Paulo, 23 de fevereiro de 1962. Hemeroteca - Cinemateca Brasileira, pasta 997, doc. 73.

"Os jornais cinematográficos não acompanharam a evolução do cinema", A Rua, São Paulo, 05 de outubro de 1955. Hemeroteca - Cinemateca Brasileira, pasta 78, doc. 6.

J. Pereira, diretor da Divisão de Diversões Públicas da Secretaria da Segurança de SP, "Justificando o injustificável", *O Estado de S. Paulo*, 27 de setembro de 1959. Hemeroteca - Cinemateca Brasileira, pasta 995, doc. 4.

"Lei contra nosso cinema". *O Cruzeiro*, São Paulo, 16 de abril de 1955. Hemeroteca - Cinemateca Brasileira, pasta 155-1, doc. 9.

Marcos Maguliés, "Justificando o injustificável", *O Estado de S. Paulo*, 20 de setembro de 1959. Hemeroteca - Cinemateca Brasileira, pasta 995, doc. 3.

"Nossas homenagens ao governador eleito". *Diário de São Paulo*, 24.11.1962, p. 5. Hemeroteca - Cinemateca Brasileira, pasta 106, doc.1.

Primo Carbonari, Câmara do Poder. *Jornal da Tela, Folha de São Paulo*, 29 agosto 1977. pasta 316, doc. 4. Hemeroteca da Cinemateca Brasileira.

Waldemar Paiva, "Cine jornais" O Mundo, 01 de janeiro de 1955. Hemeroteca - Cinemateca Brasileira, pasta 78, doc. 7.

"Programação do circuito de salas de cinema de São Paulo" Suplemento de Cine Revista, São Paulo, de 13 a 19 de março de 1957, Hemeroteca - Cinemateca Brasileira, documentação diversa 1395, doc. 4.

Notícias nº 532. São Paulo: Primo Carbonari, 1964. Ficha Cens/I - Cinemateca Brasileira.

Notícias nº 547. São Paulo: Primo Carbonari, 1964. Ficha Cens/I - Cinemateca Brasileira.

FUNDO ADHEMAR DE BARROS

Cédula do Partido Social Progressista. São Paulo, 1946. Caixa 631, pasta 02, doc. 003. Fundo Adhemar de Barros/APESP.

Livreto de marchas "Adhemar – Marcha", Clube infantil Adhemar de Barros. São Paulo, S/d. Caixa 631, pasta 02, doc. 006. Fundo Adhemar de Barros/APESP.

Livreto de marchas "O Maior", Casa Manon S. A., São Paulo, sem data. Caixa 631, pasta 02, doc. 006. Fundo Adhemar de Barros/APESP.

Livreto de marchas "Parada Musical – Adhemar de Barros". Partido Social Progressista, sem data. Caixa 631, pasta 02, doc. 006. Fundo Adhemar de Barros/APESP.

Livreto de músicas "Adhemar de Barros – Bandeirante de uma nova geração", por Jaconias Cristosomo da Silva. São Paulo, s/d. Caixa 631, pasta 02, doc. 016. Fundo Adhemar de Barros/APESP.

Livreto de músicas "Parada Musical" pelo Depto. Musical do Comitê Nacional do Partido Social Progressista. Rio de Janeiro, s/d, Caixa 631, pasta 02, doc. 6. Fundo Adhemar de Barros/APESP.

Livreto de músicas "Patrícios e patrícias, para vocês eu vou contar! Alguns dos crimes, do grande 'líder Adhemar'!!!". São Paulo, s/d. Caixa 631, pasta 02, doc. 006. Fundo Adhemar de Barros/APESP.

Panfleto "O abraço que uniu as forças populares contra a espoliação do povo", Partido Social Progressista e Partido Trabalhista Brasileiro. São Paulo, 1958. Caixa 638, pasta 03, doc. 001. Fundo Adhemar de Barros/APESP.

Panfleto "O Flagelo do Ademarismo", por Borba Gato. São Paulo, transcrito da "Folha Democrática" de Araraquara. São Paulo, 18 de agosto de 1951. Caixa 631, pasta 02, doc. 012. Fundo Adhemar de Barros/APESP.

Texto de locução para o programa *Palestra ao Pé do Fogo*. São Paulo, 1955. Caixa 634, pasta 02, doc. 014 – Fundo Adhemar de Barros/APESP.

Texto de locução para televisão, campanha eleitoral para presidente. São Paulo, 1960. Caixa 634, pasta 002, doc 004 - Fundo Adhemar de Barros/APESP.

BIBLIOGRAFIA GERAL

ABUD, Kátia Maria. *O Sangue Intimorato e as Nobilíssimas Tradições – a construção de um símbolo paulista: o bandeirante*. Tese (Doutorado em História Social) à Faculdade de Filosofia, Letras e Ciências Humanas da Universidade de São Paulo, São Paulo, 1985

ADORNO. Theodor W. "A Teoria Freudiana e o Padrão da propaganda Fascista". In: *Margem Esquerda, n.7*. São Paulo: Boitempo, maio de 2006, p. 164-89.

ALDGATE, Anthony. *Cinema and History – British Newsreels and the Spanish Civil War*. London: Solar Press, 1979.

ALVES FILHO, Francisco Rodrigues. *Um Homem Ameaça o Brasil: A História Secreta e Espantosa da "Caixinha" de Adhemar de Barros*. São Paulo: 1954.

BALANDIER, Georges. *O Poder em Cena*. Brasília: Universidade de Brasília, 1982, p. 21.

BAZIN, André. *O Cinema: Ensaios*. São Paulo: Brasiliense, 1991.

BENI, Mário. *Adhemar*. São Paulo: Grafikor, 1973/4.

BENJAMIN, Walter. "A Obra de Arte na Época de sua Reprodutibilidade". In: BENJA-MIN Walter, *Magia e Técnica, Arte e Política*. Tradução por Sérgio Paulo Rouanet. São Paulo: Brasiliense, 1985, p. 165-196. (Obras Escolhidas 1).

BERNARDET, Jean-Claude. *Cinema Brasileiro: Propostas para uma História*. Rio de Janeiro: Paz e Terra, 1979, p. 27.

_____. *Historiografia Clássica do Cinema Brasileiro*. São Paulo: Annablume, Fapesp, 1995.

BETTON, Gerard. *Estética do Cinema*. São Paulo: Martins Fontes, 1987. (Coleção Opus 86).

BLOCH, Marc. *Apologia da História*. Rio de Janeiro: Zahar, 2002.

BOURDIEU, Pierre. *O Poder Simbólico*. Trad. Fernando Tomaz (Portugal). Rio de Janeiro: Bertrand Brasil, 1998.

_____. *Coisas Ditas*. Tradução: Cássia R. da Silveira e Denise Moreno Pegorim. São Paulo: Brasiliense, 2004.

_____. *A Economia das Trocas Simbólicas*. 6ª ed. São Paulo: Perspectiva, 2005. (Coleção Estudos).

CANNABRAVA FILHO, Paulo. *Adhemar de Barros: trajetórias e realizações*. São Paulo: Terceiro Nome, 2004.

CAPELATO, Maria Helena. *O Movimento de 1932: A Causa Paulista*. 3ª ed. São Paulo: Brasiliense, 1981.

_____. *Multidões em Cena. Propaganda Política no Varguismo e no Peronismo*. Campinas: Papirus, 1998.

CARDOSO, Fernando Henrique. "Partidos e deputados em São Paulo (o voto e a representação)". In: LAMOUNIER, B; CARDOSO, F. (coord.). *Os Partidos e as Eleições no Brasil*. Rio de Janeiro: Paz e Terra, 1978, p. 45-75.

CENTRO DE DOCUMENTAÇÃO E INFORMAÇÃO SOBRE ARTE BRASILEI-RA CONTEMPORÂNEA. *Carlos Ortiz e o Cinema Brasileiro na década de 50*. Carlos E. O. Berriel (coord.). São Paulo: Idart, 1981.

CERTEAU, Michel de. *A Cultura no Plural*. Tradução Enid Abreu Dobránszky. Campinas: Papirus, 1995. (Coleção Travessia do Século).

CHAUÍ, Marilena. "Apontamentos para uma crítica da Ação Integralista Brasileira". In: CHAUÍ, Marilena; FRANCO, M. S. *Ideologia e Mobilização Popular*. Rio de Janeiro: Paz e Terra: Centro de Estudos de Cultura Contemporânea, 1978, p. 17-149.

CHARTIER, Roger. "O Mundo Como Representação". *Estudos Avançados*. São Paulo, nº 11, vol.5, jan/abr. 1991, p. 173-191.

CINEMATECA BRASILEIRA. *Cine Jornal Brasileiro: Departamento de Imprensa e Propaganda, 1938-1946*. São Paulo: Cinemateca Brasileira / Imprensa Oficial do Estado, 1982.

_____. *Bandeirante da Tela*. Introdução de Carlos Roberto de Souza; apresentação de José Inácio de Melo Souza. São Paulo: Cinemateca Brasileira / IPHAN, 1991.

DAVINOFF, Carlos. *Bandeirantismo Verso e Reverso*. 8ª ed. São Paulo: Brasiliense, 1994.

DEBERT, Guita Grin. *Ideologia e Populismo: A. de Barros, M. Arraes, C. Lacerda e L. Brizola*. São Paulo: T. A. Queiroz, 1979.

DICIONÁRIO HISTÓRICO-BIOGRÁFICO BRASILEIRO PÓS-30. 2. ed. ver. amp. Coordenação: Alzira Alves de Abreu *et al*. Rio de Janeiro: FGV; CPDOC, 2001, 5v.

DUARTE, Adriano ; FONTES, Paulo. "O populismo visto da periferia: adhemarismo e janismo nos bairros da Mooca e São Miguel Paulista (1947-1953)". In: *Cadernos AEL: Populismo e Trabalhismo*. Campinas: Unicamp/IFCH/AEL, v. 11, nº 20/21, 2004, p. 83-123.

FAUSTO, Boris. *A Revolução de 30: História e Historiografia*. São Paulo: Brasiliense, 1970.

FERRO, Marc. "O filme: uma contra-análise da sociedade?". In: LE GOFF, J; NORA, P (orgs.) *História: Novos Objetos*. Rio de Janeiro: Francisco Alves, 1976, p. 202-230.

FONSECA, Pedro César Dutra. *Vargas: O Capitalismo em Construção*. São Paulo: Brasiliense, 1999.

FOUCAULT, Michel. *A Ordem do Discurso – Aula Inaugural no Collége de France, Pronunciada a 2 de Dezembro de 1970*. 4 ed. Tradução Laura Fraga de Almeida Sampaio. São Paulo: Edições Loyola, 1998.

FRANCASTEL, Pierre Francastel. *A Realidade Figurativa*. Tradução: Mary Amazonas Leite de Barros. 2 ed. São Paulo: Perspectiva, 1993. (coleção estudos, 21).

FRANCO, Maria Sylvia Carvalho. "O tempo das ilusões". In: CHAUÍ, M ; FRANCO, M. S. *Ideologia e Mobilização Popular*. Rio de Janeiro: Paz e Terra, Centro de Estudos de Cultura Contemporânea, 1978, p. 151-209.

FRENCH, John. *O ABC dos Operários: Conflitos e Alianças de Classe em São Paulo, 1900-1950*. São Paulo, São Caetano do Sul: Hucitec, 1995.

FURHAMMAR, Leif ; ISAKSSON, Folk. *Cinema & Política*. Rio de Janeiro: Paz e Terra, 1976.

GALVÃO, Maria Rita. *Crônica do Cinema Paulistano*. São Paulo: Ática, 1975.

_____. "O desenvolvimento das ideias sobre cinema independente" In: Cinemateca Brasileira. *Trinta Anos de Cinema Paulista: 1950-1980*. São Paulo, 1980.

_____. *Burguesia e Cinema: O Caso Vera Cruz*. Rio de Janeiro: Civilização Brasileira, 1981.

_____. BERNARDET, Jean-Claude. *Cinema, Repercussões em Caixa de Eco Ideológica: as ideias de "nacional" e "popular" no pensamento cinematográfico brasileiro*. São Paulo: Brasiliense, 1983. (O Nacional e o Popular na Cultura Brasileira, Cinema).

_____. SOUZA, Carlos Roberto de. "Cinema Brasileiro: 1930 - 1964". In: FAUSTO, B. (org.). *O Brasil Republicano, v. 3: Economia e Cultura (1930-1964)*. São Paulo: Difel, 1984, p. 463-500. (História Geral da Civilização Brasileira; t. 3, v. 3.).

GASKELL, Ivan Gaskell. "História das Imagens". In: BURKE, Peter *A Escrita da História: Novas Perspectivas*. (org.). Tradução Magda Lopes. São Paulo: Editora da Universidade Estadual Paulista, 1992, p. 199-256.

GIRARDET. Raoul. *Mitos e Mitologias Políticas*. São Paulo: Cia. das Letras, 1987.

GOMES, Ângela de Castro Gomes. "A política brasileira em busca da modernidade: na fronteira entre o público e o privado". In NOVAIS, F; SCHWARCZ, L. M. *História da Vida Privada no Brasil: Contrastes da Intimidade Contemporânea*. São Paulo: Cia. das Letras, 1998, p. 489-558.

_____. "O populismo e as ciências sociais no Brasil: notas sobre a trajetória de um conceito" In FERREIRA, J. (org.). *O Populismo e sua História: Debate e Crítica*. Rio de Janeiro: Civilização Brasileira, 2001, p. 17-57.

GOMES, Paulo Emilio Salles. Entrevista concedida a Carlos Reichenbach, Inácio Araújo e Eder Manzini. *Revista Cinema n. 01*. Uma publicação do Centro Acadêmico Armando Salles Oliveira. Campos de São Carlos – USP, jul. 1974.

_____."A arte de não mostrar". In: GOMES, P. E. S. *Crítica de Cinema no Suplemento Literário*, v. 1. Rio de Janeiro: Paz e Terra, 1981, p. 284-87.

_____."A Expressão Social dos Filmes Documentais no Cinema Mudo Brasileiro (1898 – 1930)". In: CALIL, C; MACHADO, M. T. (orgs.). *Paulo Emílio: Um Intelectual na Linha de Frente – Coletânea de Textos de Paulo Emilio Salles Gomes*. São Paulo: Brasiliense: Rio de Janeiro: Embrafilme, 1986, p. 323-328.

GOULART, Silvana. *Sob a Verdade Oficial – Ideologia, Propaganda e Censura no Estado Novo*. São Paulo: Marco Zero, 1990.

HAYASHI, Marli Guimarães. *A Gênese do Adhemarismo*. Dissertação (mestrado em História Social) Faculdade de Filosofia, Letras e Ciências Humanas da Universidade de São Paulo, São Paulo, 1996.

IANNI, Octávio. *O Populismo na América Latina*. Rio de Janeiro: Civilização Brasileira, 1975.

_____. *O Colapso do Populismo no Brasil*. Rio de Janeiro: Civilização Brasileira, 1978.

JAGUARIBE, Hélio *et al*."O que é o Adhemarismo?". In: Câmara dos Deputados. *O Pensamento Nacionalista e os "Cadernos do Nosso Tempo"*. Seleção e introdução por Simon Schwartzman. Distrito Federal: Universidade de Brasília, 1981, p. 23-30.

JEANNENEY, Jean-Noel."A Mídia". In: RÉMOND, R. (org.). *Por uma História Política*. Trad. Dora Rocha. Rio de Janeiro: FVG, 2003, p. 213-230.

KAWAK, Gabriel. *O Trevo e a Vassoura: os Destinos de Jânio Quadros e Adhemar de Barros*. São Paulo: A Girafa Editora, 2006.

KOSSOY, Boris. *Realidades e Ficções na Trama Fotográfica*. São Paulo: Ateliê Editorial, 2000.

_____"O relógio de Hiroshima: reflexões sobre os diálogos e silêncios das imagens". *Revista Brasileira de História* São Paulo, nº 49, v. 25 *Dossiê: História e Manifestações Visuais*. ANPUH, jan, jun, 2005, p. 35-42.

KRACAUER, Siegfried. *The Conquest of Europe on the Screen: The Nazi Newsreel (1939-1940)*. Washington: Library of Congress, 1943 (dat).

_____"O espectador" *Filme e Cultura* São Paulo, n. 1, v. 1., out. 1966, p. 27-38.

_____. *De Caligari a Hitler – Uma História Psicológica do Cinema Alemão*. Tradução Tereza Ottoni. Rio de Janeiro: Jorge Zahar Editor, 1988.

LAMOUNIER, Bolívar ; CARDOSO, Fernando Henrique (coord.). *Os Partidos e as Eleições no Brasil*. Rio de Janeiro: Paz e Terra, 1978.

LARANJEIRA, Carlos. *Histórias de Adhemar*. São Paulo: Carlos Laranjeira, 1990.

LENHARO, Alcir. *Sacralização da Política*. Campinas: Editora da Unicamp, 1986.

LEUTRAT, Jean-Louis. "Uma relação de diversos andares: cinema e história". *Revista Imagens* São Paulo n° 5. ago/dez. 1995, p. 28-32.

LOVE, Joseph. *A Locomotiva: São Paulo na Federação Brasileira (1889 – 1937)*. Tradução Vera Alice Cardoso da Silva. Rio de Janeiro: Paz e Terra, 1982.

MACHADO JR., Rubens. *São Paulo em Movimento – A Representação Cinematográfica da Metrópole nos Anos 20*. Dissertação (Mestrado na área de Artes). Departamento de Cinema, Rádio e Televisão da Escola de Comunicações e Artes da Universidade de São Paulo, São Paulo, 1989.

_____. "São Paulo e o Seu Cinema: para uma história das manifestações cinematográficas paulistas (1899 – 1954)". In: PORTA, P (org.). *História da Cidade de São Paulo: a Cidade no Império*. V. 2. São Paulo: Ministério da Cultura / Paz e Terra, 2004, p. 457-505.

MARX, Karl. *O 18 Brumário e Cartas a Kugelmann*, 7. ed. Tradução Leandro Konder e Renato Guimarães. Rio de Janeiro: Paz e Terra, 1997.

MERGEL, Thomas. "Algumas Considerações a Favor de Uma História Cultural da Política". *História – Unisinos: Revista do Programa de Pós-Graduação em História da Universidade do Vale do Rio dos Sinos*, São Leopoldo, n° 8, V. 7, 2003, p. 11-55.

MOOG, Vianna. *Bandeirantes e Pioneiros: Paralelo Entre Duas Culturas*. 14ª ed. Rio de Janeiro: Civilização Brasileira, 1983.

MORETTIN, Eduardo Victorio. "O Cinema Como Fonte Histórica na Obra de Marc Ferro". *História: Questões e Debates*, Paraná, n° 38 ano 20, Associação Paranaense de História (APAH) / UFPR, jan/jun, 2003. p. 11-42.

_____. *Humberto Mauro, Cinema, História*. São Paulo: Alameda, 2013.

NOVAIS, Fernando; MELLO, João Manuel Cardoso de. "Capitalismo tardio e sociabilidade moderna". In: NOVAIS, F; SCHWARCZ, L. *História da Vida Privada no Brasil: Contrastes da Intimidade Contemporânea*. São Paulo: Cia. das Letras, 1998, p. 559-658.

PESAVENTO, Sandra Jatahy. *História e História Cultural*, 2 ed. Belo Horizonte: Autêntica, 2005. (História &... Reflexões).

PICCHIA, Menotti Del Picchia. *O Despertar de São Paulo: Episódios do Século XVI e do Século XX na Terra Bandeirante*. São Paulo: Civilização Brasileira, 1933.

PRADO, Maria Lígia C. *O Populismo na América Latina*, 6. ed. São Paulo: Brasiliense, 1981. (Tudo é História, 4)

QUINTILIANO, Marco Fábio. *Instituições Oratórias*. Tradução por Jerônimo Soares Barbosa. São Paulo: Cultura, 1944. (Clássica Universal).

RAMALHO, João. *A Administração Calamitosa do Snr. Adhemar de Barros em SP*. Rio de Janeiro, 1941.

RAMOS, Fernão ; MIRANDA, Luiz Felipe (orgs). *Enciclopédia do cinema brasileiro*. Colaboração de Afrânio Mendes Catani *et al*. São Paulo: SENAC, 2000, p. 134.

REMOND, René. "Uma História Presente". In: RÉMOND, R. (org.). *Por uma História Política*. Trad. Dora Rocha. Rio de Janeiro: FVG, 2003, p. 13-16.

_____."As Eleições". In: RÉMOND, R.(org.). *Por uma História Política*. Trad. Dora Rocha. Rio de Janeiro: FVG, 2003, p. 37-55.

REISZ, Karel e MILLAR, Gavin. *A Técnica da Montagem Cinematográfica*. Tradução Marcos Maguliés, Rio de Janeiro: Embrafilme / Civilização Brasileira, 1977. (Cinebiblioteca Embrafilme).

REY, Marcos. "O Adhemarista". In: JATOBÁ, R. (org.). *Trabalhadores do Brasil: Histórias Cotidianas do Povo Brasileiro*. São Paulo: Geração Editorial, 1998, p. 205-217.

SAES, Décio A. M. "Classe média e política no Brasil: 1930 - 1965". In: GOMES, A. M. C. et. tal. *O Brasil Republicano, v. 3: Sociedade e Política (1930 – 1964)*. Rio de Janeiro: Bertrand Brasil, 2003, p. 447-506.

SALIBA, Elias Thomé. "Histórias, memórias, tramas e dramas da identidade paulistana". In: PORTA, P. (org.). *História da Cidade de São Paulo: a Cidade na Primeira Metade do Século XX. V. 3*. São Paulo: Ministério da Cultura / Paz e Terra, 2004, p. 555-587.

SAMPAIO, Regina. *Adhemar de Barros e o PSP*. São Paulo: Global, 1982.

SANCHES-BIOSCA, Vicente. *Teoria Del Montaje Cinematográfico*. Valência: Filmoteca Generalitat Valenciana / IVAECM, 1991. (Coleção Textos).

_____. *Cine de Historia Cine de Memória – La Representación y Sus Límites.* Madrid: Cátedra, 2006. (Sigo e Imagem).

SCHAWARZ, Roberto. "Cultura e política, 1964-1969". In: org. *Cultura e Política.* São Paulo: Paz e Terra, 2005, p. 7-58.

SIMIS, Anita. *Estado e Cinema no Brasil.* São Paulo: Annablume/Fapesp, 1996.

SIMÕES, Inimá Ferreira. *Salas de Cinema em São Paulo.* Col. João Abdalla Saad Neto *et al.* São Paulo: PW/ Sec. Mun. de Cultura/ Sec. Est. da Cultura, 1990.

SONTAG, Susan. *Sobre Fotografia.* Tradução Rubens Figueiredo. São Paulo: Cia. das Letras, 2004, p. 96.

SMITHER, Roger; KLAUE, Wolfgang. *Newsreels in Film Archive: A Survey Based on the FIAF Newsreels Symposium.* Wiltshire: Flicks Books, 1998.

SOUZA, José Inácio de Melo. *Filmografia do Cinema Brasileiro: O Estado de São Paulo 1947-1949.* São Paulo: Cinemateca Brasileira, 1994.

_____. "Eleições e Cinema Brasileiro: Do Fósforo Eleitoral aos Santinhos Eletrônicos". *Revista da USP* São Paulo, *nº 22 – Dossiê Futebol,* jun/jul/ago 1994, p. 155-165.

_____. "Trabalhando com Cinejornais: relato de uma experiência". In: *História: Questões e Debates n. 38,* ano 20. Associação Paranaense de História / UFPR, Paraná, jan, jun 2003, p. 43-62.

_____. *O Estado Contra os Meios de Comunicação (1889 – 1945).* São Paulo: Annablumme, Fapesp, 2003.

_____. "Os Congressos de Cinema". In: *Congressos, Patriotas e Ilusões e Outros Ensaios de Cinema.* São Paulo: Linear B, 2005, p. 9-121.

_____. "Eleições e Cinema Brasileiro: Do Fósforo Eleitoral aos Santinhos Eletrônicos". In: *Congressos, Patriotas e Outros Ensaios de Cinema.* São Paulo: Linear B, 2005, p. 223-241.

TRANCHE, Rafael R.; SANCHES-BIOSCA, Vicente. *NO-DO: El Tiempo y La Memoria.* Presentación José María Otero. 3. ed. Madrid: Cátedra/Filmoteca Española, 2001.

TUCK, Richard. "História do Pensamento Político". In: BURKE, P. (org.). *A Escrita da História: Novas Perspectivas.* Tradução Magda Lopes. São Paulo: Editora da Universidade Estadual Paulista, 1992, p. 273-289.

VOVELLE, Michel. *Imagens e Imaginário da História – fantasmas e certezas nas mentalidades desde a Idade Média até o séc. XX.* Trad. Maria Júlia Goldwasser. São Paulo: Ática, 1977.

_____. *Ideologias e Mentalidades.* Trad. Maria Julia Cottvasser. São Paulo: Brasiliense, 2004.

WAINBERG, Jacques A. "A voz de Deus: um estudo da narração de cinejornais em tempos de guerra – a persuasão audiovisual de um povo". *Intercom – Revista Brasileira de Comunicação,* São Paulo, n° 2, v. XV, jul/dez. 1992, p. 144-166.

WEFFORT, Francisco C. "Razões sociais do populismo em São Paulo". *Revista Civilização Brasileira,* Rio de Janeiro, n° 2. Rio de Janeiro: Civilização Brasileira, 1965, p. 39-60.

_____. *O Populismo na Política Brasileira.* Rio de Janeiro: Paz e Terra, 1980, p. 15-44.

WINOCK, Michel. "As Ideias Políticas". In: RÉMOND, R (org.). *Por uma História Política.* Trad. Dora Rocha. Rio de Janeiro: FVG, 2003, p. 271-294.

XAVIER, Ismail. *O Discurso Cinematográfico: a Opacidade e a Transparência.* São Paulo: Paz e Terra, 2005.

AGRADECIMENTOS

Talvez o resultado desta publicação (baseada em minha dissertação de mestrado concluída em 2007, e em artigos complementares a ela) não reflita a imensa contribuição que recebi de familiares, amigos e colegas. Mais do que um protocolo, agradecer é dizer daquelas pessoas que me ajudaram em diferentes etapas deste trabalho.

Primeiramente agradeço a minha família. Foram eles – dona Lúcia (mãe), Márcio (irmão) e minha cunhada Vanessa e Renato (irmão mais novo) – que acompanharam o dia a dia de alguém que tentou conciliar, entre 2004 e 2007, o mundo acadêmico com o professorado na rede pública estadual de ensino, e que ainda vive a solidão da pesquisa em arquivos. Devo aos meus familiares, sobretudo, a vontade de seguir em frente.

Agradeço a orientação e a amizade de Maria Luiza Tucci Carneiro. Compartilho com ela, desde 2001, os meus enfrentamentos na academia. Nesta trilha, encontrei desafios dignos do ofício do historiador, à época no PROIN – *Projeto Integrado Arquivo-Universidade*,[1] e hoje no NEIM – *Núcleo de Estudo Interdisciplinares sobre Imagem e Memória* do LEER – *Laboratório de Estudos sobre Etnicidade, Racismo e Discriminação*. A paciência e a organização das fontes, a busca por conexões plausíveis e possíveis entre os documentos, e o respeito para com *aquilo* e *aqueles* que emergem na investigação histórica são os ensinamentos, e dívida, que terei para o resto da vida. Obrigado, professora.

Da mesma forma, agradeço ao Professor Dr. Eduardo Morettin (que me honrou com o prefácio deste livro) pela amizade e por todas as oportunidades de diálogo acadê-

---

[1]   Que entre 1996 e 2009, sob o comando da professora Dra. Maria Luiza Tucci Carneiro e o Professor Dr. Boris Kossoy, seus idealizadores e coordenadores, formou pesquisadores e promoveu debates e publicações em parceria com Arquivo Público do Estado de São Paulo (APESP), *Cf.* site do projeto, disponível em: http://www.usp.br/proin/proin/sobre.php, acessado em 23.06.2014.

mico, sempre com atenção e extremo respeito diante das minhas carências, que não são poucas. Agradeço igualmente ao Professor Dr. Marcos Napolitano. Sua interpretação sobre a pesquisa concluída em 2007, e intervenções quando ainda em andamento, também foram ouvidas.

Ao Professor Dr. Boris Kossoy, o agradecimento daquele que aprendeu com suas aulas no curso de 2005; e em conversas sobre como acurar o olhar para as diferentes realidades presentes nas imagens. Obrigado pela receptividade com que me recebeu.

Também não poderia esquecer o Professor Dr. Carlos Eduardo Jordão Machado, que me revelou valioso texto de Siegfried Kracauer sobre cinejornais, então inédito no Brasil; o pesquisador José Inácio de Melo Souza, pela ajuda nos enfrentamentos com cinejornais, seja em conversas ou com o seu pioneiro trabalho; o professor Máximo Barro, que gentilmente "confessou", em entrevista, detalhes de cinejornais dos anos de 1950; o pesquisador José D'Amico Bauab, que viu no meu texto uma página importante à celebração da memória eleitoral de São Paulo; e a Professora Dra. Mônica Almeida Kornis que capitaneou, em 2012, uma importante publicação onde pude aprofundar as reflexões desta pesquisa. Muito obrigado a todos vocês.

Este trabalho simplesmente não existiria sem a Cinemateca Brasileira, instituição a quem agradeço pela cessão das imagens em apoio institucional nesta publicação. No seu Centro de Documentação e Pesquisa, presenciei realizações e o reconhecimento (nacional e internacional) inédito da sexagenária instituição. Convivi com pessoas que, direta ou indiretamente, deixaram sua marca na pesquisa aqui apresentada. Amigos que me receberam de braços abertos em 2001: Carmen Lúcia Quagliato, Jair Leal Piantino, Luiz Gonzaga, Raphael Messias (*in memorian*) e Anna Paula Nunes (sempre entusiasta). Num segundo momento, mais amigos: Alexandre Miyazato, Daniel Kasai, Daniel Shinzato, João Marcos de Almeida, Rayane Jesus da Silva, Bruno Logatto, Marília Freitas, Adriana Oliveira e Sérgio Silva; e os companheiros da *Filmografia Brasileira* Victor Martins e Daniela Giovana Siqueira (personalidade pela qual empatizo as agruras e os prazeres da pesquisa com o cinema, e também com cinejornais). Também neste "habitat", a inestimável amizade de Gabriela Sousa de Queiroz, cujo caráter, perseverança e conhecimento sobre as questões da Cinemateca são admiráveis.

Ainda na Cinemateca Brasileira, agradeço a Fernando Fortes (Laboratório Fotográfico) pela captação dos fotogramas desta publicação; Carlos Roberto de Souza pelas informações iniciais do lote *Bandeirante da Tela*; Vivian De Luccia e Arthur Sens (Pesquisa de Imagem) que ajudaram na seleção e telecinagem de materiais para o evento com cinejornais que coordenei em 2009 na Cinemateca[2] – cujas discussões estão refletidas neste livro; e

---

2   *Os Espaços da Política nos Cinejornais*, ocorrido a 12 de dezembro de 2009, em São Paulo, na Sala BNDES da Cinemateca Brasileira. Uma parceria entre a Cinemateca Brasileira e o PROIN – *Projeto Integrado Arquivo- -Universidade*, com exibição e análise de cinejornais por professores convidados.

Rodrigo Mercês e a "incansável" Elisa Ximenes (ambos do Laboratório de Imagem e Som), pela disponibilidade de equipamentos para visionar e captar as imagens do último capítulo.

Também agradeço aos amigos que participam das reuniões de estudos entre 2005 e 2007 na Cinemateca, onde pude trocar ideias e refletir sobre as dimensões e dilemas da imagem. Muito obrigado Pedro Plaza Pinto, Marina Takami, Margarida Adamatti, Reinaldo Cardenuto Filho, Fábio Uchôa, Fausto Douglas Correia Jr., Verônica Veloso e Carolina Amaral. E, de volta ao PROIN, agradeço às oportunidades de debate e convívio com Marcia Yumi Takeuchi (*in memorian*), Priscila Perazzo, Rodrigo Tavares, Mariana Cardoso Ribeiro, Gláucia Castelan, Erick Zen e Michele Celestino.

Não poderia deixar de registrar, ainda que em poucas linhas, a pessoa que me abriu as portas da Cinemateca Brasileira: Olga T. Futemma. Da sua convivência e amizade carrego o valioso exemplo de competência, honestidade e generosidade em produzir, transmitir e multiplicar conhecimento – algo raríssimo nos dias que correm! Os melhores anos da história recente da Cinemateca são tributários da sua respeitosa postura. Obrigado, Olga, por ter compreendido nesses anos todos os dramas que a pesquisa acadêmica impõe.

Ao amigo Adilson Inácio Mendes, o agradecimento pela ajuda em minha caminhada com os cinejornais: opiniões sobre pesquisas, leituras de texto na louca reta final da dissertação, e dicas sobre cinema em suas várias vertentes. Obrigado por ouvir desabafos e por todo o convívio dentro e fora da Cinemateca. Para Marcelo Augusto Morais Gomes, amigo da turma de graduação no departamento de História da FFLCH-USP, meu obrigado pelo exemplo de dedicação, seriedade e aversão ao "menor esforço" na conduta acadêmica e discente. Nossas conversas continuam sendo indispensáveis.

Agradeço ao Arquivo Público do Estado de São Paulo pela cessão de imagens e disponibilidade total do acesso do fundo Adhemar de Barros durante o meu mestrado.

E o meu total agradecimento à Fapesp – *Fundação de Amparo à Pesquisa do Estado de São Paulo*, que concedeu o *Auxílio à Publicação* para a realização deste livro.

Agradeço aos colegas – professores e alunos – da E. E. José Lins do Rego pelo convívio entre 2005 e 2009. Como mencionei acima, no decurso das pesquisas presentes neste livro pude conhecer realidades opostas, a da Universidade Pública e da Escola Pública, e compreender o quão distante elas estão. Em reconhecimento a isto espero, sinceramente, que este trabalho trace uma pequena ponte entre elas, evitando qualquer tipo de "autismo acadêmico" e contribuindo para lapidar o olhar crítico – de um ex-aluno meu, por exemplo – sobre a apropriação de imagens em movimento pela retórica política.